그리스 신화

한 권으로 끝내는 인문 교양 시리즈

시마자키 스스무 지음 | 정보현 옮김

제우스는 왜 자꾸
바람을 피울까?

신의 음료, 넥타르는 어떤 맛일까?

불멸의 존재인
신들도 죽을까?

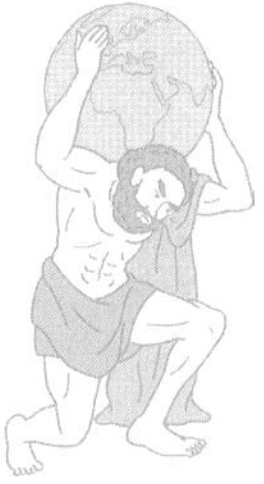

다시 읽는 신화 이야기

그리스 신화

그리스 신화에서
가장 강한 신은 누구일까?

오이디푸스 콤플렉스,
판도라의 상자, 트로이의 목마…

서구 문명의 원류와 기원이 된
신화를 다시 읽다!

RHK
알에이치코리아

※ 본문 중 그리스어 고유 명사 표기는 원칙적으로 표준국어대사전의 표기를 따랐습니다.

서문

만화나 게임에는 그리스 신화에 등장하는 신이나 영웅과 이름이 동일한 캐릭터가 많다는 사실을 아는가? 여성 캐릭터면 아테나, 아르테미스, 남성 캐릭터면 제우스, 포세이돈, 아폴론, 아킬레우스가 대표적이다. 이 이름에 몇몇 캐릭터를 떠올린 사람도 많으리라 생각한다.

일본의 만화 중에서는 요코야마 미츠테루의 만화 『바벨 2세』에 주인공의 부하로 등장하는 포세이돈을 꼽을 수 있다. 1971년 처음 발표된 이 작품을 나도 읽었다.

나는 어린 시절 『바벨 2세』를 읽으면서 괴조 로프로스와 흑표범의 모습을 한 로뎀은 자연스럽게 받아들였지만 해상 전투 장면에서 휴머노이드 포세이돈이 등장했을 때는 무언가 이상하다고 생각했다. 바다에서 잘 싸우는 로봇이면 물고기나 공룡 모습이 잘 어울릴 텐데 왜 하필 인간형 로봇일까 하는 의문이 들었기 때문이다. 이 의문은 중학생 때 토머스 불핀치의 『그리스 로마 신화』(노가미 야에코 역, 이와나미분코, 1978)• 를 독파하고 나서야 해소되었다.

캐릭터 이름을 그리스 신화에서 따오는 이유는 우리에게 친숙할 뿐만 아니라 해외에서도 널리 통용되기 때문일 것이다. 꼭 신화가 아니어도 고대 그리스 문화는 그 자체가 서양 문명의 뿌리이자 인류 공통의 지적 유산으로 여겨지기 때문이다.

고대 그리스 신앙을 오늘날까지 계승해 온 교단은 지구 어디에도 없다. 기독교 국가에서는 민간 신앙으로 살아남을 여지조차 없었다. 반면 인지도는 엄청난데다 저작권 문제에서도 자유로워서 전 세계의 창작자가 너 나 할 것 없이 그리스 신화를 차용하려는 것도 당연한 일이라 하겠다.

그러나 신들의 이름과 단편적인 에피소드는 알지만 신들이 저마다 지닌 능력과 속성, 그들 사이의 관계와 전체적인 이야기까지 제대로 파악하고 있는 사람은 극히 드문 것이 현실이다. 알면 아는 만큼 이야기가 몇 배는 더 재미있어질 텐데 말이다.

이 책은 그리스 신화를 전혀 모르는 사람부터 내용을 어중간하게 알고 있는 데에서 그친 독자들을 위해 썼다. 이 책 한 권만 읽으면 여러분도 오늘부터 그리스 신화 전문가다.

• 『The Age of Fable』(1855)

이 책을 통해 그리스 신화를 완벽히 자신의 것으로 소화하고, 나아가 실제로 그리스를 여행하는 사람이 늘어난다면 더 바랄 것이 없겠다.

시마자키 스스무

그리스 신화에 등장하는 주요 신, 영웅 및 괴물들

여성 남성

괴물

※ 가이아, 타르타로스, 우라노스, 폰토스, 포세이돈 등의 자손으로 태어남

티폰
피톤
기가스
히드라
케르베로스
스핑크스
고르곤 세 자매
페가수스 등

반신반인 영웅

아킬레우스
페르세우스
헤라클레스

인간

펠레우스 (아이기나섬의 왕자)
다나에 (아르고스의 공주)
알크메네 (미케네의 공주)
세멜레 (테베의 공주, 아프로디테와 아레스의 손녀)

인간 영웅

테세우스(아테네의 왕자)
오이디푸스(테베의 왕자)
오디세우스(이타케섬의 왕자)

올림포스 신족

제우스
★ 디오니소스

별 표시(★)가 붙은 열두 신은 올림포스산에 거주한 것으로 알려지며 '올림포스 12신'이라 불린다.

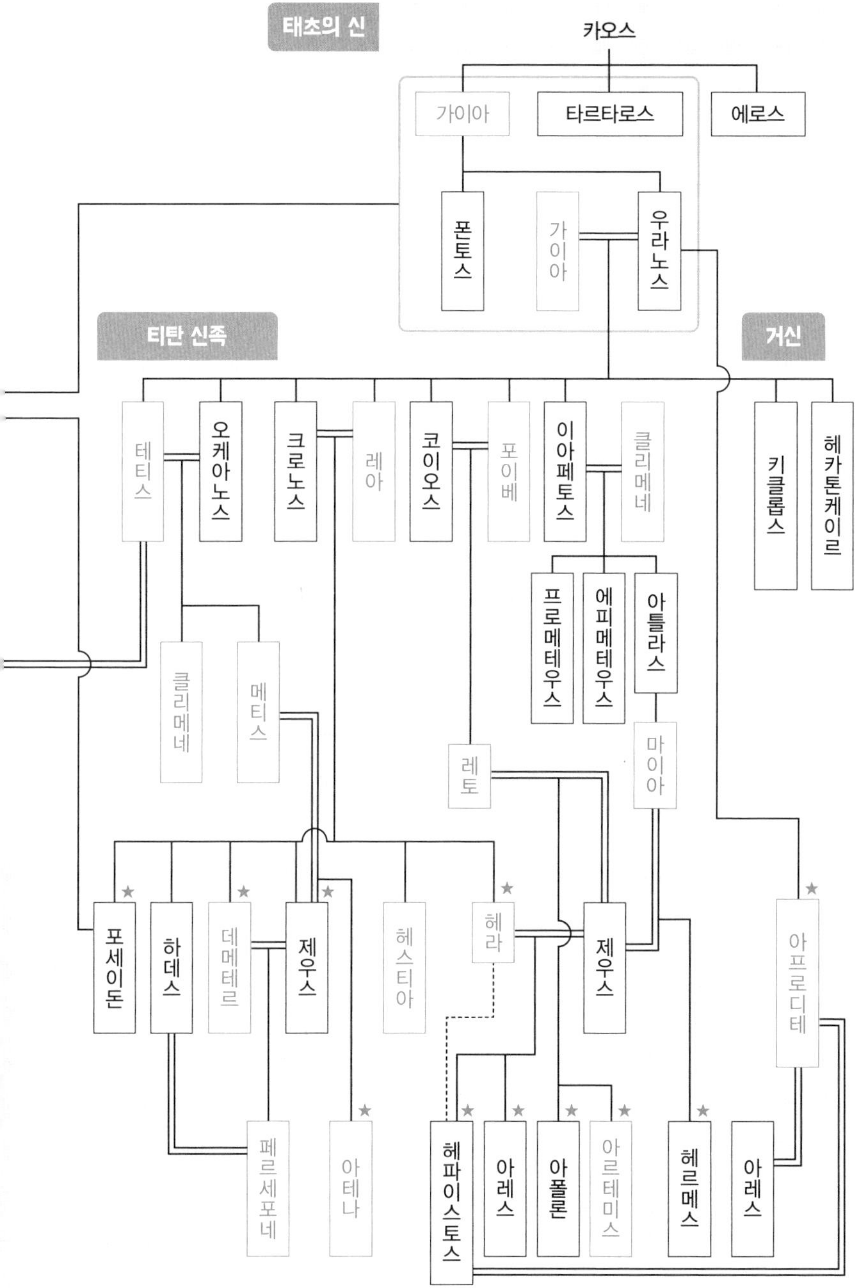
태초의 신
카오스
가이아
타르타로스
에로스
폰토스
가이아
우라노스
티탄 신족
거신
테티스
오케아노스
크로노스
레아
코이오스
포이베
이아페토스
클리메네
키클롭스
헤카톤케이르
프로메테우스
에피메테우스
아틀라스
클리메네
메티스
레토
마이아
포세이돈
하데스
데메테르
제우스
헤스티아
헤라
제우스
아프로디테
페르세포네
아테나
헤파이스토스
아레스
아폴론
아르테미스
헤르메스
아레스

목차

1장

그리스 신화의 개요

2장

세상의 시작과 신들의 태동

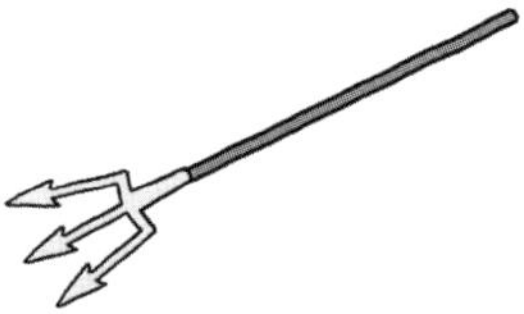

3장

올림포스 신족의 시대

4장

영웅들의 이야기

1장

그리스 신화의 개요

1 그리스 신화는 왜 오랫동안 사랑받아 왔을까?

신화 자체에 시대와 지역을 초월한 재미가 있다

세계적으로 가장 많이 읽힌 신화는 유대 신화와 그리스 신화일 것이다. 이 두 신화는 양적 및 질적인 면에서도 타의 추종을 불허한다.

유대 신화는 유대교의 『성경』• 과 기독교의 『구약성경』을 출전으로 하는데 종교 인구로는 기독교가 세계 1위인 만큼 당연히 독자 수도 많다.

반면 그리스 신화는 근대 문명을 견인해 온 유럽 공통의 고전이라는 위상과 더불어 내용 그 자체의 재미가 독자들을 매료하는 요인으로 작용했다. 그리스 신화의 특징은 시대와 지역을 초월한 보편성, 문화의 차이를 초월한 친화력이다.

• 유대교의 『성경』은 기독교의 『구약성경』과는 다른 순서로 구성되어 있다.

그리스 신화가 다른 문화권에서도 널리 받아들여진 이유는 크게 두 가지다. 인간과 다를 바 없는 신의 본래 성격이 잘 드러나 있다는 점, 연극과 시로 창작되는 과정에서 점점 더 대중들이 좋아할 만한 내용으로 바뀌어갔다는 점을 들 수 있다. 현대에 들어서는 그 세계관을 실감 나게 재현한 영화 작품들이 인기를 끄는 중이다.

고대 일본과 비교해 보아도 천여 년의 시간차는 말할 것도 없거니와 기후, 풍토, 사회 및 산업 구조 등 공통점이라고는 무엇 하나 찾아보기 힘들지만, 신화의 모티프에서는 여러 공통점이 발견된다. 저승의 음식을 입에 대는 바람에 이승으로 돌아갈 수 없게 되었다거나 금기를 깬 벌로 모든 것을 잃고 말았다는 이야기는 일본 신화에도 등장한다. 다른 지역의 신화에서도 비슷한 이야기가 나타난다.

환경이 아무리 다르다 해도 같은 호모 사피엔스인 이상 우리는 분명 보편적인 정신을 공유하고 있다. 그리스 신화에는 그러한 요소가 많이 담겨 있기 때문에 시대와 지역을 불문하고 널리 통용되는 작품으로 사랑받고 있는 것이다.

그리스 신화를 소재로 한 주요 영화 작품

아르고 황금 대탐험	영미 합작	1963년
메데아	이탈리아, 프랑스, 서독 합작	1969년
타이탄 족의 멸망	미국	1981년
아리온(애니메이션)	일본	1986년
헤라클레스(디즈니 애니메이션)	미국	1997년
트로이	미국	2004년
퍼시 잭슨과 번개 도둑	미국	2010년
타이탄	미국	2010년
타이탄의 분노	미국	2012년
허큘리스	미국	2014년
헤라클레스: 전설의 부활	미국	2014년

2 그리스 신화에 정본이나 원전은 있을까?

정본이 없어서 앞뒤가 맞지 않거나 다양한 설이 존재한다

일본 신화는 『고사기古事記』와 『일본서기日本書紀』를 주된 출전으로 삼고 있어서 기기記紀 신화라고도 불린다. 현존하는 두 서적의 가장 오래된 사본을 정본·원전으로 삼아도 이상할 것이 없다.

반면 그리스 신화에는 모든 이야기를 아우르는 단일 원전이 없다. 기원전 8세기 전후의 인물인 시인 호메로스의 서사시 『일리아스』와 『오디세이아』, 헤시오도스의 『신통기』와 『일과 날』을 꼽는 사람도 있으나 호메로스의 작품은 기간 면에서, 헤시오도스의 작품은 내용 면에서 한계가 있다. 설령 두 사람의 네 작품을 모두 합한다 해도 전체를 아우르기에는 역부족이다.

현재 전해져 내려오는 그리스 신화의 모든 이야기가 완성되려면 로마 시대가 도래하기를 기다려야 한다.

그리스 신화는 구두로 전승되어 온 종교 신화, 연극 대본용으로

창작된 이야기로 구성되어 있는데 연극은 비극과 사티로스극•으로 나뉜다.

비극 작가로는 기원전 5세기에 활약한 아이스킬로스, 소포클레스, 에우리피데스가 유명하다. 프로메테우스와 반신반인 및 인간 영웅에 관한 신화 대부분은 이들 3대 비극 작가의 작품에서 비롯되었다.

기원전 4세기 말에 시작된 헬레니즘 시대에는 칼리마코스, 에우헤메로스, 아폴로니오스, 아폴로도로스가 활약했고 로마 시대에는 오비디우스, 파우사니아스, 히기누스 등의 활약이 두드러졌다.

이들의 작품은 유럽 공통의 문화 유산으로 여겨지며 그 내용을 취합한 서적은 세계 곳곳에서 출판되고 있다. 유명한 토머스 불핀치의 『그리스 로마 신화(원제: The Age of Fable)』는 1855년 미국에서 출판된 작품이다.

• 비극의 막간극으로 만들어진 희극. 합창대가 사티로스(염소의 특징을 지닌 반인반수의 신) 분장을 한 데에서 유래한 이름이다.

주요 그리스 신화의 원전

호메로스 (기원전 8세기경)	『일리아스』	10년에 걸친 트로이 전쟁 중 마지막 해의 50일간 이야기.
	『오디세이아』	지혜로운 영웅 오디세우스가 오른 고난의 귀국길 여정.
헤시오도스 (기원전 700년경)	『신통기』	신들의 계보의 기초.
	『일과 날』	「판도라의 상자」 등의 내용.
아이스킬로스 (기원전 525경~기원전 456)	『아가멤논』	트로이 원정으로부터 개선한 후의 이야기.
소포클레스 (기원전 496경~기원전 406)	『오이디푸스 왕』	부친 살해와 근친상간의 비극.
에우리피데스 (기원전 485경~기원전 406)	『히폴리토스』	테세우스 말년의 비극.

호메로스가 노래하는 그리스 신화에 귀기울이는 고대 그리스인들.

3

그리스 신화는 역사적 사실일까?

완성까지 800년, 또렷하게 남겨진 해양 문명의 발자취

고대 그리스 역사의 시대 구분은 연구자마다 다르다. 청동기 시대, 미노아 문명[•]과 그 뒤를 잇는 미케네 문명을 합한 에게 문명, 폴리스 시대, 헬레니즘 시대, 로마 시대로 나누는 연구자가 있는가 하면 문화사의 관점에서 청동기 시대, 미노아 문명, 미케네 문명, 아르카익[••] 시대, 클래식 시대, 헬레니즘 시대, 로마 시대로 구분하는 연구자도 있다.

최초로 문명이 탄생한 장소가 크레타섬이므로 에게 문명은 남에서 북으로, 도서 지역에서 대륙으로 전파되었다고 할 수 있다. 섬이라고 하면 고립된 사회를 상상할지도 모르겠으나 고대 그리스에

• 크레타 문명이라고도 한다. 크레타의 왕 미노스에서 유래한 이름이다.
•• '오래된', '태초의'를 뜻하는 단어에서 유래한 말.

서는 그렇지도 않았다.

현존하는 그리스 신화가 형성된 시기는 문화사에서 말하는 아르카익 시대부터 로마 시대에 걸쳐서다. 기원전 8세기부터 기원 전후에 이르는 매우 긴 세월이다.

그 사이에 그리스에서 벌어진 큰 사건을 꼽자면 폴리스라고 불리는 도시 국가의 흥망성쇠를 들 수 있다. 외부에서 온 그리스인의 시조들은 아테네, 스파르타, 테베, 코린토스 등의 폴리스를 형성했다. 하지만 통일된 국가는 이루지 못한 채 마케도니아의 지배를 받다가 뒤이어 로마의 지배를 받았다.

발칸반도 남단과 에게해의 여러 섬으로 이루어진 그리스는 광활한 평야가 부족한 탓에 먹거리를 농경과 목축에만 의지해야 하는 어려움이 있었는데 이를 보완해준 것이 바다였다.

아테네를 비롯해 바다를 접하고 있는 폴리스는 해상 교역에 주력했고 인구가 지나치게 많아지면 식민지를 만들어 이민을 보냈다. 그리스 신화에 바다를 건너는 모험 이야기가 많이 등장하는 것도 이 때문이다.

그리스 약식 연표

기원전 3200~3000	청동기 시대 시작.
기원전 2000	미노아 문명 시작.
기원전 1650	미케네 문명 시작.
기원전 1200	미케네 문명 붕괴.
기원전 8세기	폴리스의 탄생.
기원전 508	아테네에서 클레이스테네스가 민주화 개혁.
기원전 499	이오니아의 반란(~기원전 494).
기원전 480	살라미스 해전.
기원전 431	펠로폰네소스 전쟁 발발(~기원전 404).
기원전 337	코린토스 동맹 결성.
기원전 334	알렉산드로스가 동방 원정 개시.
기원전 30	이집트의 프톨레마이오스 왕조 멸망.
기원전 27	로마의 속주 아카이아 설치.

고대 그리스인은 풍요로운 해양 문명을 이룩하고 사회를 발전시켜 나갔다.

4 그리스 신화의 무대는 어디일까?

지중해 연안 전체, 나아가 흑해 부근에까지 해당

그리스 신화의 무대는 지금의 그리스 공화국의 영토인 발칸반도 남단과 에게해의 여러 섬뿐 아니라 지중해 연안 거의 전역에 달한다. 신화 속에는 흑해 동쪽과 동아프리카의 에티오피아까지 등장한다. 이러한 측면에서 보면 교역과 식민 지배를 통해 뻗어나간 지역인 동아프리카부터 흑해 부근까지를 그리스 신화의 무대로 봐야 한다. 즉, 고대 그리스인의 발자취와 소문이 미친 범위 전체라 해도 좋을 것이다.

남쪽 끝은 에티오피아, 동쪽 끝은 코카서스산, 서쪽 끝은 지브롤터 해협, 북쪽 끝은 지금의 크로아티아와 슬로베니아에 해당한다. 에티오피아는 소문으로 그쳤을 가능성이 크지만 다른 곳은 모두 고대 그리스인이 제 눈으로 보고 직접 발로 밟은 땅이었다.

에게해를 접하고 있는 소아시아 서쪽 해안 지대는 이오니아라 불리며 트로이를 비롯한 식민지가 많이 세워졌다. 이오니아는 그리스 철학의 발상지면서 페르시아 전쟁•의 발단이 된 곳이기도 하다. 역사의 아버지라고도 불리는 헤로도토스가 태어난 곳도 이오니아에서 가까운 할리카르나소스(지금의 보드룸)라는 항구 도시다.

이오니아에서 그리스인이 대다수를 차지하던 시대는 제1차 세계 대전 후 1923년에 체결된 조약에 따라 그리스와 튀르키예 간에 대규모 주민 교환이 이루어질 때까지 계속 이어졌다.

고대 그리스인은 이집트로도 갔다. 반신반인 영웅 페르세우스의 신화에 이집트 서부 사막에 위치한 아몬 신전이 등장하는 이유는 그곳의 신탁이 족집게라는 소문이 멀리 그리스까지 퍼졌기 때문이다. 기원전 332년에는 이집트를 제압한 마케도니아의 알렉산드로스가 신탁을 듣고자 일부러 찾아가기도 했다.

이후 프톨레마이오스 왕조••가 멸망할 때까지 그리스인이 이집트를 지배했다.

• 기원전 5세기 전반 아케메네스 왕조가 통치하던 페르시아와 그리스 도시 국가 연합 사이에서 벌어진 전쟁.

•• 기원전 30년 클레오파트라 7세가 사망할 때까지 존속했다.

그리스 신화의 주요 무대

그리스 신화의 주요 무대인 지중해.
약 251만km^2에 달하는 면적 내에 크고 작은 섬이 무수히 산재해 있다.

5 불멸의 존재인 신들도 죽을까?

영생불멸한다 해도 인간의 기억에서 사라지면 죽은 것

그리스 신화에 등장하는 신들은 모두 영생불멸하는 존재다. 크로노스가 집어삼킨 제우스와 그 형제자매는 물어뜯기지도, 배 속에서 소화되지도 않은 채 원래 모습 그대로 살아 돌아왔다. 올림포스 신족과의 전쟁에서 패배한 티탄 신족도 타르타로스에 갇히기는 했지만 소멸하거나 죽지 않았다. 사정을 봐줘서 죽이지 않은 것이 아니라 애초에 죽일 수 없는 불사의 존재기 때문이다.

그리스 신화 속 저승인 명계는 죽은 자들의 나라인데 여기에서 말하는 죽은 자에는 오직 인간만이 해당한다. 신들은 스틱스강의 강물이 필요할 때만 명계를 찾았다.

그리스 신화의 신들은 태어나기는 해도 죽지는 않는 존재다. 신에게서 태어나는 것이 원칙이지만 헤시오도스의 『신통기』에 따르면 카오스, 가이아, 타르타로스, 에로스 등의 태초의 신만큼은 태어난 것이 아니라 어딘가에서 생겨난 특별한 존재라고 한다.

태초의 신이 등장하는 모습은 일본 신화와 공통된 부분이 있다. 『일본서기』에서는 가미요나나요•라고 불리는 최초의 신들에 대해 '나다' 혹은 '났다'라는 표현을 사용했다.

그 밖에도 그리스 신화에서 신들은 남신과 여신 사이에서만 태어나기만 한 것이 아니라 한 명의 신에게서 태어나기도 했다.

태어나기만 하고 죽지 않으면 신의 숫자가 무한정 늘어날 것 같지만 그러한 사태가 벌어지기 전에 신앙심이 시들해졌고, 로마 제국에 의한 기독교 국교화••와 그 이후의 확산으로 인해 신들의 세계는 직격타를 맞았다. 제아무리 불사의 몸인 신이라 해도 불신심과 망각에는 당해낼 재간이 없었다.

• 구니노토코타치부터 이자나기·이자나미에 이르기까지의 7대에 걸친 신들.

•• 로마 제국은 392년 기독교를 제외한 이교 의식에 대해 전면 금지령을 선포했다.

그리스 신화의 황혼기

기원후 392	로마 황제가 이교* 의식을 전면 금지함.
393	마지막 고대 올림픽 대회(426년이라는 설도 있음).
396	서고트 왕국에 의해 아테네가 함락됨.
426	동로마 황제가 이교 신전 파괴령을 내림.
529	동로마 황제의 명에 따라 아테네의 아카데메이아** 가 폐쇄됨. 이교도에 의한 교육을 금지함.

* 기독교 이전의 전통 신앙을 뜻하며 그리스·로마 신화를 포함함.
** 기원전 4세기에 철학자 플라톤이 세운 학교.

아테네의 아크로폴리스에 있는 아테나 신전 터.
그리스 신화는 여러 종교 대립 끝에 신자들을 잃게 되었다. 신전도 황폐해졌고 지금은 몇몇 곳에 약간의 유적이 남아 있을 뿐이다.

6

기독교의 신과는 무엇이 다를까?

인간계의 윤리와는 무관, 풍부한 감정과 초현실적 힘을 지닌 존재

그리스 신화의 신들과 기독교 신의 가장 큰 차이점은 신의 숫자에 있다. 그리스 신화에는 여러 신이 등장하지만 기독교는 자신들이 섬기는 신을 유일한 존재로 여기며 그 이외의 것들은 신을 사칭하는 악마 혹은 가짜로 취급한다.

유일하기에 기독교의 신은 절대적인 존재로 결코 잘못을 저지르지 않는다고 했다.

반면 그리스 신화의 신들은 자유분방 그 자체다. 희로애락이 뚜렷했고 정의로움 같은 개념과는 연이 없었다.

인간계의 선악 등은 나 몰라라 했으며 신을 찬양하고 신전에 제물을 바치는 자의 소원만을 들어주었다. 인간과는 오로지 호혜적인 관계일 뿐이었다.

고대 그리스에서는 인간의 힘으로는 어찌할 도리가 없는 일이나 현상을 비롯하여 초현실적인 힘을 지닌 모든 존재가 의인화되

어 신으로 여겨졌다. 일본의 기기 신화를 봐도 마찬가지다. 인류는 동서양을 막론하고 이와 같은 자연 현상 등을 신의 본래 모습이라 생각해왔다.

천둥·지진·밤낮 같은 자연 현상, 바다·대지 등의 자연 그 자체, 지혜·아름다움과 같은 인간의 속성, 결혼·수렵 등의 인간이 영위하는 일도 모두 신의 이름을 부여받았다.

더 나아가 파멸·죽음과 같은 피할 수 없는 운명 또한 신격화되었다.

헤시오도스의 『신통기』에 따르면 죽음의 신은 타나토스다. 에피소드가 적은 신이지만 정신분석학의 창시자인 지그문트 프로이트•가 에로스(삶의 본능)에 대비되는 개념에 타나토스의 이름을 붙인 데에서 '죽음의 본능'을 의미하는 정신분석학 용어로 정착되어 지금도 사용되고 있다.

• 오스트리아계 유대인 정신과 의사(1856~1939).

그리스 신화 및 기독교의 신 대조표

	그리스 신화	기독교
출생	원칙적으로 부모가 있음.	천지 창조 이전부터 존재.
숫자	많음.	유일함.
식사	먹고 마심.	필요하지 않음.
성욕	남성은 모두 왕성함.	없음.
모습	보통은 인간과 같음.	실체가 없음.
감정	희로애락이 뚜렷함.	신의 법에 엄격함.
정의감	없음.	행하는 모든 일이 정의, 결코 잘못을 저지르지 않음.

그리스 신화에는 색욕을 밝히는 신이 많이 등장한다. 그중에서도 특히 제우스는 아내 헤라를 두고도 여러 여성에게 손을 댔다.

7

그리스 신화에서 가장 강한 신은 누구일까?

번개를 다루며 다른 모든 신을 압도하는 제우스

신들의 우두머리 자리는 우라노스에서 크로노스, 크로노스에서 제우스로 넘어갔다. 그렇다면 가장 강한 신은 제우스라 해도 좋을 듯하다.

그러나 제우스가 최강의 신이 된 것은 티탄 신족과의 전쟁이 한창일 때 솜씨 좋은 대장장이인 키클롭스들이 번개를 선물해주고 나서부터다. 이때 포세이돈은 삼지창, 하데스는 착용하면 모습이 보이지 않게 되는 투구를 선물로 받았는데 번개와는 그 위력이 너무나도 차이가 났다.

번개를 자유자재로 다룰 수 있게 된 제우스는 신들 가운데에서도 최고의 신으로 등극하게 되었다.

전쟁의 신 아레스나 아테나, 승리의 여신 니케*도 강해 보인다. 하지만 아테나는 날 때부터 중장비로 무장하고서도 직접 최전선에 나서지는 않고 승패를 관장하는 신일 뿐이며, 니케도 승리를 불러오는 신이라서 전쟁 그 자체를 잘하지는 못했다. 아레스는 전쟁을 즐겼지만 안타까울 정도로 지혜가 부족한지라 지혜와 용기를 겸비한 제우스의 적수는 아니었다.

크로노스는 제우스로 대체될 운명이었기에 누가 더 강한지를 논하는 일은 무의미하다. 이는 크로노스와 우라노스의 관계도 마찬가지다.

그렇다면 우라노스와 제우스가 직접 대결하면 어떨까? 이들은 모두 하늘의 신이다. 우라노스가 구세대, 제우스는 신세대 하늘의 신이라 해도 좋다.

우라노스가 구름과 비 정도를 조종할 수 있었던 데 반해 제우스는 그 밖에도 천둥과 번개를 다룰 수 있었다. 힘의 차이는 분명하므로 만약 둘이 직접 대결했어도 결국 승리는 제우스에게 돌아갔을 것이다.

* 니케는 라틴어로는 빅토리아다. 영어의 빅토리(승리)가 여기에서 유래했다.

신들의 무기와 능력

	제우스	포세이돈	하데스
무기	천둥, 번개 	삼지창 	착용하면 모습을 감출 수 있는 투구 
능력	어떤 모습으로도 변신 가능. 상대를 어떤 모습으로든 바꿀 수 있음. 아무리 먼 곳에서도 여성의 미모를 식별 가능.	해상의 날씨와 바닷물을 자유자재로 다룸. 삼지창의 자루로 대지를 내리치면 담수가 솟아남.	대지를 가르고 명계와 지상을 자유로이 왕래 가능.

8 제우스는 왜 자꾸 바람을 피울까?

고대 그리스의 정치 사정으로 인해 난봉꾼이 되어버린 제우스

제우스의 바람기와 제우스의 아내 헤라의 질투심에 대해서는 2장 이후에서 구체적인 에피소드를 몇 가지 소개하겠다.

실존 인물이라면 호색한이었다는 한마디로 정리하고 넘어가도 되겠지만 신화, 그것도 그리스 신화의 제우스면 사정이 다르다. 고대 그리스의 많은 유명 가문이 신이나 반신반인의 영웅을 시조로 삼고 있기 때문이다.

고대 그리스인은 자신들을 헬레네스•라고 불렀다. 헬렌••의 자손이라는 의미인데 발음이 유사하다는 점에서 여신 헤라를 부족신으로 섬기는 공동체가 원시 그리스인의 모체였다는 사실을 알 수

• 그리스 공화국의 정식 영어 명칭은 헬레닉 리퍼블릭이다.

•• 판도라의 손자. 프로메테우스의 손자기도 하다('20. 재앙과 희망을 불러온 판도라의 상자' 참조).

있다.

그 뒤에 나타난 것이 제우스를 섬기는 공동체다. 그들은 우위를 점하면서도 선주민을 정복하지는 않고 혼인을 통한 동맹 관계를 맺는 데에 만족한 것으로 보인다.

제우스를 섬기는 공동체가 그리스에서 가장 큰 세력을 형성했다고는 하지만 어디까지나 헤라를 섬기는 공동체와 협력 관계를 맺었기에 세력을 유지할 수 있었다. 헤라를 섬기는 공동체를 적으로 돌리게 되면 순식간에 무너져버릴 만큼 기반이 약해서 그들의 심기를 거스르는 일은 있어도 결렬만큼은 피해야 했다. 제우스가 헤라의 질투에 골머리를 앓으면서도 이혼을 고려하기는커녕 화조차 내지 않았던 배후에는 이러한 사정이 있었던 듯하다.

또 제우스의 후예를 자칭하는 유명 가문이 많은 이유로는 정복당한 집단이 체면을 세우기 위해 계보를 위장했을 가능성이 있기 때문이다.

기존 역사를 계승하려면 제우스가 바람을 피웠다고 하는 수밖에 없었다. 여러 집단이 이와 같은 방식을 썼기 때문에 제우스는 졸지에 난봉꾼이 되고 만 것이다.

제우스의 부인과 주요 외도 상대

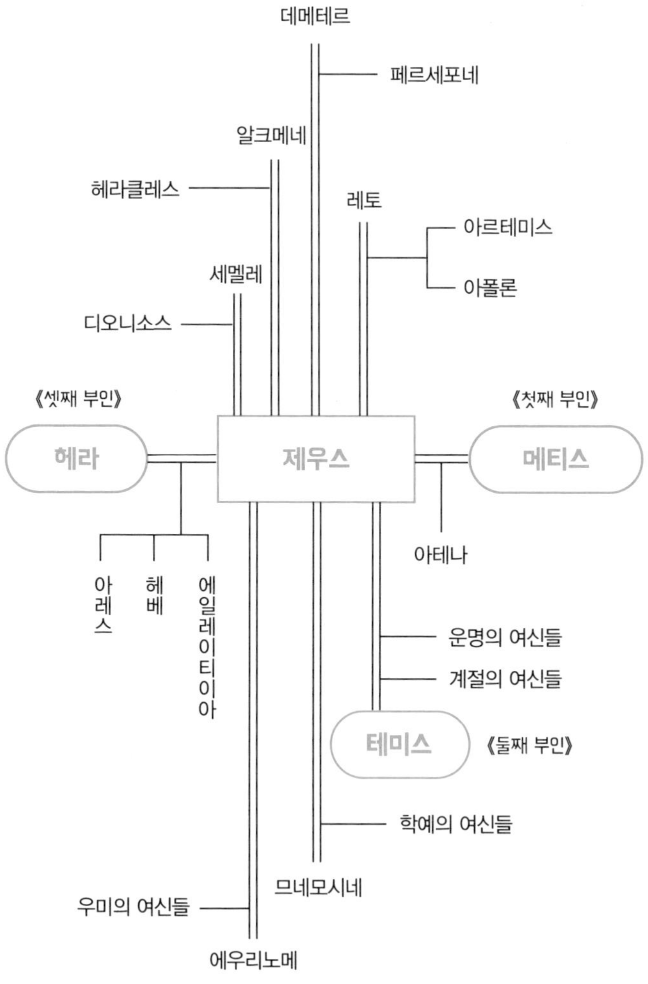

9

신과 인간 외에는 누가 등장할까?

신들보다 강한 괴물과 반신반인, 거신, 거인, 님프

그리스 신화의 등장인물은 신과 인간이 전부가 아니다. 반신반인, 거신, 거인, 님프와 괴물 등도 빠뜨릴 수 없는 존재다.

반신반인은 신과 인간 사이에서 태어난 이들로 영웅 페르세우스와 헤라클레스, 트로이 전쟁의 원인이 된 세계 제일의 미녀 헬레네 등이 대표적이다.

이 책에는 그 외에도 거신, 거인, 괴물이 등장한다. 이 세 그룹은 편의상 구분했을 뿐 원래라면 모두 신이지만 이해를 돕기 위해 세분화했다.

사람의 모습을 하고 이족보행을 하는 거대한 존재를 거신과 거인으로 나눈 이유는 격이 다름을 나타내기 위해서다. 티탄 신족과 같은 세대로 신들과 호각을 겨룬 키클롭스와 헤카톤케이르를 거인이라고 하거나 오디세우스에게 속아 넘어간 폴리페모스를 거신이라고 하기에는 아무래도 어색한 부분이 있다.

따라서 겉보기는 엇비슷하다고 해도 능력에 따라 거신과 거인으로 구별했다. 티탄 신족과 올림포스 신족 간의 전쟁이 인류 창조 전에 벌어진 일이라는 점도 고려했다.

님프는 자연계에 깃들어 있는 정령을 뜻한다. 신만큼은 아니지만 나름대로 신비스러운 힘을 지녔으며 주로 신을 따라다니며 여러 이야기에 등장했다.

이들을 제외한 반인반수* 그리고 인간과는 닮은 구석이 전혀 없는 존재는 크기에 상관없이 모두 괴물이라고 부른다.

거인과 괴물 중에는 오디세우스가 맞닥뜨린 폴리페모스나 고르곤 세 자매처럼 신의 자녀로 태어난 이들도 있으나 부모가 모두 신이 아닌 경우에는 불사의 몸이 될 수 없었다. 불사의 능력을 얻으려면 제우스와 헤라의 승낙을 구해야 했기 때문이다.

* 반은 인간이고 반은 동물의 모습을 하고 있다. 켄타우로스와 스핑크스 등이 대표적이다.

그리스 신화에 등장하는 신 이외의 존재

반신반인

신과 인간 사이에서 태어남.
예: 페르세우스 등

거신

티탄 신족과 같은 세대로 사람의 모습을 한 거대 생물.
예: 키클롭스 등

거인

사람의 모습을 한 거대 생물.
예: 폴리페모스 등

괴물

반인반수 혹은 인간과는 영 딴판인 생물.
예: 메두사 등

님프

나무·산·들·강·샘 등의 정령. 소녀 같은 모습을 하고 있다. 제우스, 아폴론 등 권위 있는 신의 총애를 받는 한편 판, 사티로스와 같은 야성적인 신과도 어울렸다.

10 괴물은 어떤 성격일까?

신과 인간을 괴롭히는 무시무시한 존재

올림포스 신족은 티탄 신족과의 전쟁에 이어 괴물들과도 싸우게 된다. 모두가 무시무시한 존재였으나 가장 고전했던 상대는 호전적인 거대 괴물 티폰•이었다.

그리스 신화에는 티폰 외에도 여러 괴물이 등장한다. 켄타우로스, 히드라, 케르베로스 등이 대표적이다.

켄타우로스는 사람의 머리에 말의 몸을 한 괴물로 활과 화살을 잘 다루었다. 아폴론과 아르테미스로부터 교육을 받은 케이론처럼 성격이 온화한 켄타우로스는 극소수에 불과했다. 대부분은 색욕을 밝히고 난폭해서 인간들을 괴롭혔다.

켄타우로스는 그나마 상반신은 인간이었지만 헤라클레스가 상

• 대지의 여신 가이아의 아들. 자세한 내용은 '17. 거대 괴물 티폰과 기가스' 참조.

대한 괴물 히드라는 인간과 닮은 구석이라고는 전혀 없는 머리가 9개 달린 물뱀이었다. 머리 9개 중 하나가 불사신이라 다른 머리를 아무리 잘라내도 다시 자라나는 탓에 제아무리 헤라클레스라 해도 고전을 면치 못했다.

케르베로스는 명계의 주인 하데스의 궁전을 지키는 괴물이다. 티폰의 아들인 만큼 성격이 사납기 이를 데 없었다. 머리가 3개 달린 개로, 하데스의 궁전에서 나가려는 자들을 물어뜯어 죽였기 때문에 살아서 궁전을 나가려면 먹을 것을 충분히 주거나 아름다운 음악을 들려주어야만 했다.

포세이돈과 메두사의 아들인 페가수스도 겉보기에 아름답다고는 하지만 괴물은 괴물이었다. 말이면서도 등에 달린 날개로 하늘을 날 수 있었다.

이러한 괴물들의 등장도 그리스 신화를 더욱 풍성하고 재미있게 만드는 요소다.

대표적인 그리스 신화 속 괴물

티폰	하반신은 똬리를 튼 독사고 어깨에는 뱀 머리 100개가 달림.	제우스와 사투를 벌인 끝에 사망.
케르베로스	머리가 3개 달린 개.	하데스가 지배하는 명계의 파수꾼.
페가수스	날개 달린 말.	메두사와 포세이돈의 아들.
미노타우로스	소의 머리에 인간의 몸.	테세우스가 쓰러트림.
히드라	머리가 9개 달린 물뱀.	히드라 퇴치는 헤라클레스의 열두 가지 과업 중 하나였다.
스핑크스	인간의 머리에 사자의 몸통, 새의 날개를 가짐.	오이디푸스가 수수께끼를 풀어버리자 자살함.
켄타우로스	상반신은 인간, 하반신은 말.	현자 케이론은 아킬레우스의 스승이었다.
세이렌	얼굴은 아름다운 여성이고 몸은 새(혹은 인어라는 설도 있음).	오디세우스의 모험에 등장함.

티폰과 싸우는 제우스.

11 후세의 문화에 어떤 영향을 주었나?

그리스 신화는 지명, 행성 및 열두 달의 이름에도 남아 있다

고대 그리스·로마 문화를 고전과 고대라는 이름하에 공통의 지적 유산·정신적 기반으로 받드는 일은 유럽의 일원이 되기 위한 불문율이다. 독일과 영국의 엘리트 사립학교에서 고대 그리스어와 라틴어가 필수 과목인 것도 이 때문이다.

유럽이라는 명칭을 비롯해 에게해와 대서양(아틀란틱 오션) 등 그리스 신화에서 유래한 지명이 많은 이유도 고전과 고대에 대한 애착에서 비롯된 듯하다.

현재 지도상으로는 유럽이 아니지만 아프리카 대륙 서북단에 위치한 아틀라스산맥과 남미 대륙의 아마존강•의 명칭 또한 그리스 신화에서 유래했다.

• 아마존은 그리스 신화에 등장하는 여전사로만 구성된 나라다.

신화 속 신들은 1년 열두 달 이름의 유래가 되기도 했다. 영어로 4월을 뜻하는 에이프릴은 미의 여신 아프로디테, 메이(5월)는 제우스의 두 번째 부인 마이아, 마치(3월)는 로마 신화 속 전쟁의 신 마르스와 동일시되는 아레스, 준(6월)은 로마 신화의 유노와 동일시되는 헤라와 같은 식이다. 그리스 신화의 영향력을 역력히 확인할 수 있다.

태양계에서는 지구를 제외한 모든 행성의 영어 이름이 로마 신화의 신들에서 유래했고 그리스 신화에는 저마다 거기에 대응하는 신이 있다. 일례로 아름다운 푸른색을 자랑하는 해왕성은 영어로 넵튠인데 로마 신화 속 바다의 신 넵투누스에서 유래한 이름이다. 넵투누스는 그리스 신화의 포세이돈에 해당한다.

이처럼 천체 분야에 미친 영향은 고대 그리스인이 주력하던 산업인 해상 교역과 관계가 크다. 육지가 보이지 않는 상황에서 바다를 항해할 때 의지할 대상은 밤하늘의 별밖에 없다. 어려운 상황에서 경험을 쌓다 보니 자연스레 천체 관측 기술을 익히게 된 것이다.

그리스 신화의 신들과 천체

천체	그리스명	주관	영어명
태양	아폴론	신탁과 광명의 신.	아폴로
지구	가이아	대지의 여신.	어스
달	아르테미스	아폴론의 쌍둥이 동생이자 수렵의 여신.	다이애나
수성	헤르메스	상인의 신.	머큐리
금성	아프로디테	사랑과 미와 풍요의 여신.	비너스
화성	아레스	전쟁터에서의 광란과 파괴를 관장하는 전쟁의 신.	마르스
목성	제우스	하늘의 신, 천둥의 신.	주피터
토성	크로노스	대지와 농경의 신.	새턴
천왕성	우라노스	하늘의 신.	우라누스
해왕성	포세이돈	바다의 신.	넵튠
명왕성	하데스	명계의 신.	플루토

12 신들은 미술 작품에서 보듯이 늘 나체였다?

신들의 나체는 르네상스 이후에 정착된 이미지다

인터넷에서 그리스 신화 속 신들의 이름을 이미지 검색해 보라. 현대에 제작된 일러스트와 함께 역사적인 조각과 그림이 쏟아져 나올 것이다.

그런데 대부분이 벌거벗었거나 반쯤 벗은 모습을 하고 있다. 이 때문에 그리스 신화의 신들은 나체로 일상생활을 했을 것이라고 착각하는 사람이 있을지도 모르겠다.

그리스 신화는 로마 제국에서 기독교가 국교화된 이후 천여 년 동안 잊혔으나 15세기 이탈리아 피렌체에서 르네상스•가 꽃피우며 부활하게 되었다.

이 무렵에는 예술 작품을 의뢰하는 사람들도 교회나 수도원뿐

• 재생을 의미하는 프랑스어. '문예 부흥 운동'으로 번역된다.

아니라 왕후, 귀족, 부유한 상인, 금융업자 등으로 늘어났다.

신규 고객은 초상화 혹은 에로틱한 작품을 그려 달라고 요구했다. 하지만 여전히 교회의 영향력이 강했기에 직접적으로 에로틱한 묘사를 하면 이단으로 몰려 화형을 당할 수도 있었다. 화를 면하려면 그리스 신화를 소재로 삼는 수밖에 없었다.

예술가들에게도 나체의 조형을 표현하고자 하는 열망이 있었다. 고대의 조각을 본보기로 여겼기 때문이기도 하지만 인간을 생생하게 그려 내려면 나체만큼 효과적인 방법이 없었기 때문이다.

다재다능한 천재 레오나르도 다 빈치는 실감나는 작품을 제작하기 위해 의학, 해부학, 광학, 기하학 등도 공부했는데 그 성과는 다양한 작품에 뚜렷이 드러나 있다.

고대의 조각이 모두 나체는 아니었으나 후세 사람들은 옷을 입고 있는 작품보다 반라나 전라의 작품을 더 높이 평가했다. 외적인 리얼리티를 추구하는 것도 중요하지만 성격이나 내면을 표현할 때도 나체가 최적의 수단이라고 생각했기 때문이다.

신의 나체를 그린 르네상스의 걸작

조각

남성

《디오니소스》
『바쿠스』,
미켈란젤로,
바르젤로 국립 미술관

회화

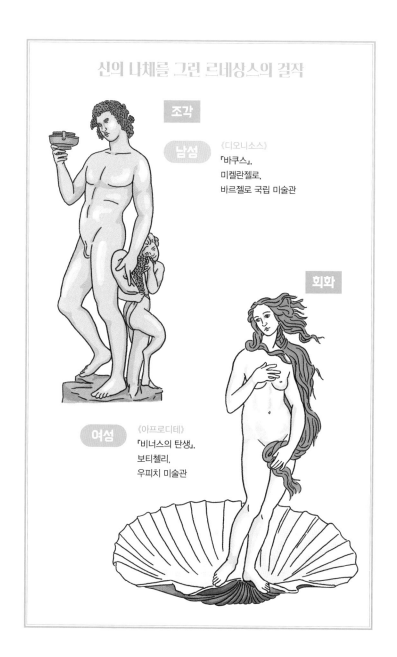

여성

《아프로디테》
『비너스의 탄생』,
보티첼리,
우피치 미술관

크노소스 궁전 터

고대 그리스 문명은 '에게 문명'이라고도 한다. 최초의 문명이 탄생한 곳은 에게해 남단에 위치한 크레타섬인데 지중해에서 다섯 번째로 큰 섬이다. 크레타섬 중부 북쪽 해안의 크노소스 궁전 터는 중요한 고대 유적이자 그리스 신화의 무대로, 많은 관광객이 찾는 명소다.

영국의 고고학자 아서 에번스가 이 터를 발견한 해는 1900년이었다. 처음으로 도시가 만들어진 때는 기원전 3000년경이었고 크레타 문명(미노아 문명)의 전성기에 해당하는 기원전 1900년경에 궁전이 건설되었다.

크노소스 궁전은 기원전 1700년경의 대지진으로 완전히 무너져버려 재건했으나 기원전 1350년경의 큰 화재로 다시 붕괴됐고 이는 곧 크레타 문명의 종언으로 이어졌다.

발굴 조사 과정에서 영웅 테세우스와 괴물 미노타우로스의 신화를 증명하듯이 내부 통로가 미로처럼 복잡하게 얽혀 있다는 사실이 밝혀지기도 했다.

궁전은 널찍한 중정을 에워싸고 행정 및 종교 의식을 거행하는 서쪽 날개와 가옥 및 작업장이 있는 동쪽 날개로 구성되어 있다. 중정 가까이에 만들어진 왕좌의 방, 왕의 방 등의 벽에는 화려한 그림이 그려져 있는데 그중에는 청년이 황소의 등을 뛰어넘는 통과 의례의 한 장면을 표현한 것으로 보이는 그림도 있다.

이러한 벽화와 출토품의 원본은 가까운 도시인 이라클리온의 고고학 박물관에 전시되어 있다.

크노소스 궁전 터 북측 입구.

2장

세상의 시작과 신들의 태동

13 창조신 카오스와 가이아

근친상간을 통해 티탄 신족을 낳은 가이아

그리스 신화에서 창조신에 해당하는 신은 최초로 나타난 카오스다. 카오스와 그 뒤를 이어 나타난 가이아, 타르타로스, 에로스 등 네 신을 태초의 신이라 부른다.

현재 우리가 사용하는 카오스라는 단어는 '혼돈'으로 번역되는데 본래 의미는 '입을 벌린 공간'이다. 어느 쪽이든 간에 의인화되는 일은 없었고 양성을 모두 갖추고 있어서 다른 신과 몸을 섞지 않고도 밤의 여신 닉스와 어둠의 신 에레보스를 낳았다.

대지의 여신 가이아는 홀로 하늘의 신 우라노스와 여러 산, 바다의 신 폰토스를 낳는 한편 타르타로스와는 반인반수의 거대 괴물 티폰을 낳았다. 또 아들 우라노스와는 바다의 신 오케아노스•와 크

• 수천 명이나 되었던 오케아노스의 자식들은 모두 강의 여신 혹은 님프였다.

로노스를 비롯한 티탄 신족, 키클롭스(외눈박이 거신)와 헤카톤케이르(팔이 100개 달린 거신)들을 낳았다.

혼자서도 자녀를 낳을 수 있으니 가이아도 카오스와 마찬가지로 양성을 모두 갖추고 있을 것 같지만 대지에서 다양한 작물이 자라는 만큼 대지의 신은 여성으로 보는 것이 세계적으로 공통된 견해였다.

대지가 여성이라면 이와 한 쌍인 하늘은 남성이라 할 수 있으므로, 가이아와 우라노스가 맺어져 아이를 낳는 식으로 이야기가 흘러가게 되었을 것이다.

그러나 우라노스는 꼬인 성격이라 자기 자식인 키클롭스와 헤카톤케이르를 마음에 들어 하지 않았다. 키클롭스의 체력과 완력, 기술, 헤카톤케이르의 엄청난 담력과 용모, 체구를 질투했기 때문이다. 꼴도 보기 싫다는 이유로 우라노스는 아들들을 대지의 끝자락인 나락 타르타로스•에 가두어버렸다.

• 여기에서는 의인화된 신이 아니라 장소를 가리킨다.

카오스와 가이아가 낳은 신들

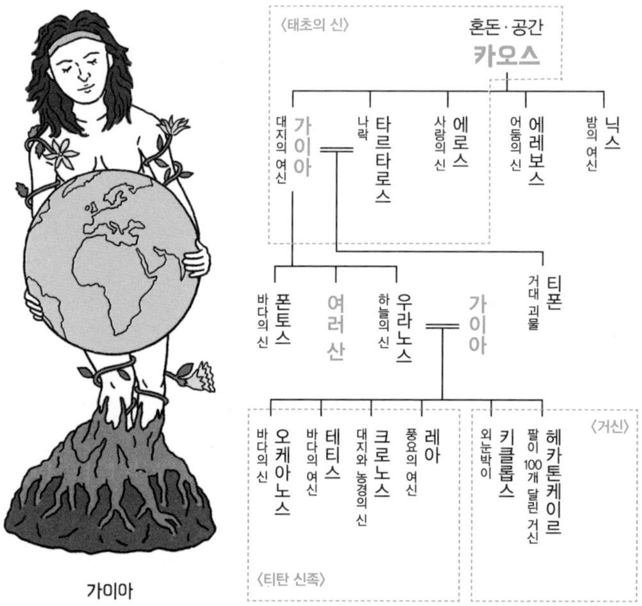

그리스 신화 토막 상식

대지가 지닌 힘의 표현

영국의 과학자 제임스 러브록은 지구를 자기 조절 기능을 지닌 하나의 생명체로 간주하는 가이아 가설(가이아 이론)을 제창했다.

이 가설은 많은 창작자에게 영향을 주었다. 일본에서는 츠부라야 프로덕션이 제작한 『울트라맨 가이아』가 대표적인데 작품 속 주인공이 대지의 붉은 빛을 받아 변신한다. 데즈카 오사무의 『불새』에서도 가이아 가설의 영향을 찾아볼 수 있다.

14

남근에서 태어난 아프로디테

우라노스의 상징이 미와 애욕의 여신으로 재탄생하다

대지의 여신 가이아와 타르타로스는 별개의 존재지만 장소로 치자면 땅끝 또한 대지의 일부다. 이 때문에 거신들이 밀려 들어오자 가이아는 배가 아파 참을 수 없었다. 고통을 근본적으로 없애기 위해서는 우라노스로부터 세계의 지배권을 빼앗아야만 했다.

가이아는 자신의 아이들인 티탄 신족이 나서도록 재촉했으나 다들 우라노스가 두려워 입을 꾹 다물고 고개를 숙일 뿐이었다. 그러던 중에 막내 크로노스가 홀로 용기를 내어 자원했다.

크로노스는 아버지 우라노스가 미웠다. 태어난 후로 쭉 땅 끝자락은 아니라 해도 음지에서만 지내야 했던 탓에 증오심을 키워 온 크로노스는 뒤에서 우라노스를 두고 아버지라고 부르기도 싫다고 할 정도였다.

가이아는 믿음직한 아들 크로노스에게 날이 잘 드는 커다란 낫

크로노스는 가이아가 준 커다란 낫을 휘두르며 우라노스에게 달려들었다.

을 건넸다. 계획은 아주 단순했다. 평소처럼 우라노스가 가이아를 덮칠 때 그의 몸과 마음이 정욕으로 가득한 틈을 타 커다란 낫으로 남근을 잘라버릴 셈이었다. 남성의 상징을 잃게 되면 우라노스가 무력화될 것이 뻔했다.

이 계획은 쉽게 성공했고 크로노스는 잘라낸 남근을 뒤로 던져 버렸다. 파도가 치는 망망대해에 떨어진 우라노스의 남근은 물결에 쓸려갔다. 얼마 지나지 않아 하얀 거품이 일기 시작했고 그 안에서 아름다운 여성이 태어나 키프로스섬* 남서쪽에 위치한 페트라 투 로미우 해안에 떠내려왔다.

* 시리아의 서쪽에 위치한 지중해에서 세 번째로 큰 섬.

이 여성은 거품(아프로스)에서 태어났다고 해서 아프로디테라 불리게 되었다. 에로스와 히메로스•를 거느리고 다니는 사랑과 미의 여신이지만 거품의 기원이 남근이라는 점이 암시하는 바와 같이 그 사랑은 순정이 아닌 탐욕스러울 정도의 정욕이었다.

• 욕망의 신. 우미優美의 여신들과 함께 살았다.

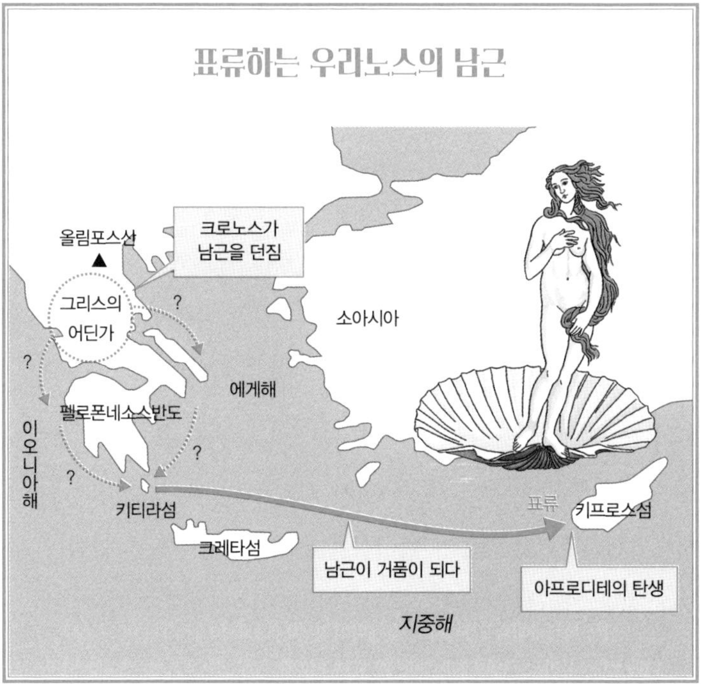

15

크로노스가 두려워한 불길한 예언

통치권을 사수하기 위해 자식을 삼켜버린 크로노스

아버지 우라노스의 남근을 자르고 통치권을 빼앗는 데 성공한 크로노스는 가이아와 우라노스의 예언을 두려워했다.

"너는 자식에게 통치권을 빼앗길 것이다."

이는 예언이 아니라 크로노스를 원망하며 내린 저주라는 말도 있다.

여하튼 크로노스는 자신의 지위를 지키기 위해 아내 레아가 아이를 낳는 족족 집어삼켰다.

첫째 딸 헤스티아부터 둘째 딸 데메테르, 셋째 딸 헤라, 첫째 아들 하데스, 둘째 아들 포세이돈까지, 배 아파 낳은 자식들이 잡아먹히는 모습을 보고 레아가 평정심을 유지할 수 있을 리 없었다. 원한을 품은 레아는 또다시 아이를 임신하자 주의에 주의를 거듭해 셋째 아들 제우스를 극비리에 출산했다.

가이아의 계략으로 크로노스는 셋째 아들 제우스 대신 돌을 삼켰다.

그러나 평생 숨길 수만은 없었기에 가이아의 지혜를 빌리기로 한다. 가이아는 아기 대신 돌멩이를 강보로 싸서 건네라는 간단한 방법을 알려주었는데 이 방법이 보기 좋게 성공해 크로노스를 속이고 안심시킬 수 있었다.

가이아는 제우스가 성장하기를 기다렸다가 계략을 꾸몄다. 가이아와 지혜의 여신 메티스•의 합작이라고도 하는 이 계략에 따라 제우스가 크로노스에게 구토제를 먹이자 크로노스는 바로 구역질을 하더니 가장 먼저 제우스 대신 삼킨 돌••을 토해냈다. 이어서 삼

• 바다의 신 오케아노스의 딸로 제우스의 첫째 부인이 된다.

•• 이 돌은 세계의 배꼽이라 불린다. 델포이의 아폴론 성역에 있다.

켰을 때와는 반대 순서로 자식들을 줄지어 토해냈다.

그러나 예언을 완성하기 위해서는 크로노스와 같은 세대의 신들(티탄 신족)을 굴복시켜야 했고 이 때문에 티탄 신족과 제우스의 길고도 험한 세대 간 싸움이 막을 올리게 되었다.

그리스 신화 토막 상식

'거대한' 티탄

티탄은 영어로는 타이탄이다. 1912년 4월 첫 항해 중 북대서양에서 거대 빙산과 충돌 후 침몰한 호화 여객선 타이태닉호의 이름도 여기에서 유래했다. 4만 톤이 넘는 큰 배였기 때문에 '타이탄과 같은'이라는 뜻의 타이태닉이라고 명명한 것이다. 타이태닉은 '거대한', '괴력의'라는 뜻의 형용사로도 사용된다.

크로노스의 가족

가이아 ━━━ 우라노스

티탄 신족
레아 ━━━ 크로노스

올림포스 신족
① 헤스티아(장녀)
② 데메테르(차녀)
③ 헤라(삼녀)
④ 하데스(장남)
⑤ 포세이돈(차남)
⑥ 제우스(삼남)

☐ 남신　☐ 여신

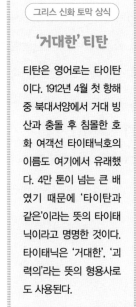

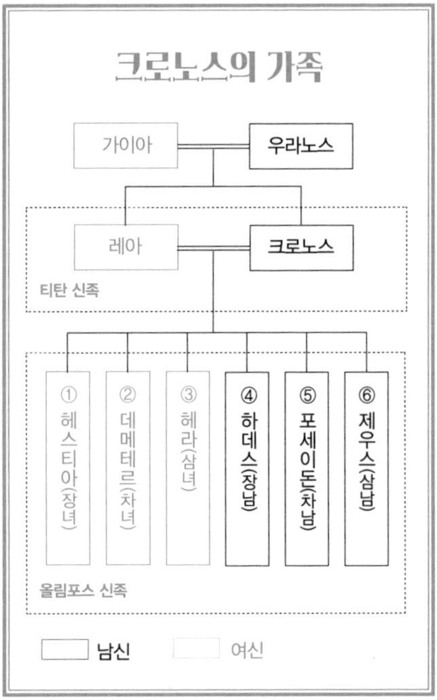

16 티탄 신족 vs 올림포스 신족

어둠에 갇혀 있던 거신들이 승패를 좌우하다

티탄 신족과 제우스를 위시한 올림포스 신족의 실력은 막상막하여서 10년이 지나도록 판가름이 나지 않았다. 전쟁이 끝날 기미가 보이지 않자 제우스는 가이아의 조언을 따르기로 했다.

"이들을 아군으로 맞이하면 승리와 빛나는 명예를 손에 넣으리라."

가이아가 말한 '이들'은 크로노스가 타르타로스로 쫓아낸 키클롭스와 헤카톤케이르다. 키클롭스는 브론테스, 스테로페스, 아르게스 삼 형제로 뛰어난 대장장이고 헤카톤케이르는 코토스, 브리아레오스, 기게스 삼 형제로 각기 팔이 100개, 머리가 50개였다.

타르타로스를 찾아간 제우스와 신들은 거신들에게 넥타르(신의 음료)와 암브로시아(신의 음식)•를 건네주어 그들이 활력을 되찾게

• 넥타르와 암브로시아는 신을 위한 먹거리다. 불사신으로 만들어주는 효과가 있다.

했다. 그리고 설득 끝에 긍정적인 대답을 듣게 되자 즉시 거신들을 음습한 어둠에서 해방시켜주었다. 키클롭스는 답례로 제우스에게는 번개를 만들어내는 능력을, 하데스에게는 착용하면 전신이 투명해지는 마법 투구를, 포세이돈에게는 삼지창을 선물했다.

원군과 새로운 무기를 손에 넣은 올림포스 신족 진영은 단번에 승부를 내려고 했으나 티탄 신족 진영도 질 수는 없었다. 전투는 점점 더욱 격렬해졌고 천지가 요동쳤다.

일진일퇴의 공방전 끝에 제우스의 번개가 힘의 균형을 무너뜨렸고 헤카톤케이르의 돌팔매질이 결정타를 날렸다.

셋이 합쳐 300개나 되는 팔로 쉴 새 없이 던져대는 돌팔매에는 티탄 신족도 당해낼 도리가 없었다. 티탄 신족은 포박당한 상태로 타르타로스에 갇히고 말았다.

키클롭스가 제우스 삼 형제에게 보낸 선물

키클롭스는 넥타르와 암브로시아의 답례로 제우스 삼 형제에게 무기를 선물했다.

그리스 신화 토막 상식

인간도 즐겨 마시는 넥타르

넥타르는 꿀처럼 달콤한 음료였다고 한다. 이 때문에 지금은 과일을 으깨서 만드는 주스나 벌꿀로 만든 술을 넥타르라고 부른다. 암브로시아도 미국의 전통적인 과일 샐러드의 이름이 되었다.

올림포스산에서 넥타르를 나누어주는 임무는 제우스와 헤라의 딸 헤베가 맡았다. 그리스어로 '헤베 에리에케'는 '만취하다'라는 뜻인데 일본에서는 이를 축약한 '헤베레케'가 고주망태라는 뜻으로 사용된다.

17

거대 괴물 티폰과 기가스

강적을 맞이해 총력전을 펼치는 올림포스 신족

티탄 신족을 꺾으면 전쟁은 끝나리라 생각했지만 제우스를 비롯한 올림포스 신족 앞을 가로막는 존재가 아직 더 있었다. 가이아와 타르타로스 사이에서 태어났고 가이아에게는 막내기도 한 티폰이었다.

티폰은 키가 산보다도 커서 머리가 별에 닿을 정도였다. 양팔을 쭉 뻗으면 세상의 동쪽 끝과 서쪽 끝에 닿을 정도로 거대한 괴물이었다. 하반신은 큰 뱀처럼 똬리를 틀고 있고 움직일 때마다 쉭쉭 소리를 냈다. 긴 머리와 수염이 바람에 나부꼈고 어깨에는 뱀 머리가 100개나 달려 있다. 입에서는 온갖 굉음을 내는 등 괴기한 모습이었다.

엄청난 강적이었지만 제우스는 뱀들을 불에 지져 다시 자라나지 못하게 함으로써 우위를 점했다. 결국에는 티폰을 타르타로스

무시무시한 거대 괴물 티폰에 맞서는 제우스.

에 가두었다고도 하고 혹은 시칠리아섬으로 몰아넣고 그 위에 산을 던져 봉인•했다고도 한다.

올림포스 신족의 싸움은 아직 끝나지 않았다. 다음 적은 우라노스의 남근이 잘려 나갔을 때 떨어진 피에서 태어난 괴물들로 기가스라고 불렸다.

기가스도 키가 산보다 컸고 엄청난 괴력을 자랑했다. 쉽지 않은 상대였기 때문에 이 전투에는 아테나와 아폴론 등 제우스의 자녀 세대 신까지 참전했다.

큰 나무와 바위가 끊임없이 날아들었고 불을 사용한 공격까지

• 시칠리아섬 동부에 있는 활화산 에트나산이 봉인 장소로 알려져 있다.

이어지는 통에 올림포스 신족은 고전을 면치 못했다. 하지만 인간의 힘을 빌리지 않으면 승리할 수 없다는 예언을 믿고 헤라클레스를 불러오자 균형이 깨지며 전쟁은 올림포스 신족의 승리로 마무리되었다.

그리스 신화 토막 상식

압도적인 힘의 상징

티폰은 영어로 열대성 저기압을 뜻하는 타이푼의 어원이 되었다.
냉전 시대 소련 해군의 당시 세계 최대급 원자력 잠수함이 타이푼급이라고 불리기도 했다.
한편 기가스는 영어로 거인 혹은 거대한 것을 의미하는 자이언트의 어원이 되었다. 자이언트는 야구 구단명과 격투기 선수의 링네임 등에 사용되고 있다.

티폰이 봉인된 산

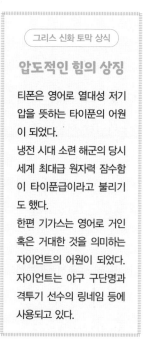

지중해 주변에서 가장 높은 에트나산은 유럽 최대의 활화산이다.

18

하늘을 짊어진 거신 아틀라스

고된 역할을 떠맡게 된 프로메테우스의 동생

티탄 신족 중에서도 프로메테우스처럼 올림포스 신족에 가담한 자는 무사했고, 대항한 이들 중에서도 쓸모 있는 자는 면책되거나 벌을 받는 대신 목숨을 부지했다. 벌을 받은 대표적인 인물이 프로메테우스의 동생 아틀라스다.

아틀라스는 이아페토스*와 클리메네**의 아들이다. 어떤 기준인지는 알 수 없으나 아틀라스 외에는 적임자가 없다는 제우스의 강력한 추천 때문에 아틀라스는 머리와 팔로 하늘을 떠받치는 역할을 맡게 되었다. 타르타로스로 쫓겨나는 것보다는 나았지만 누가 봐도 너무나 고된 일이었다.

* 가이아와 우라노스의 아들.

** 오케아노스의 딸.

아틀라스가 이 임무에서 벗어날 기회가 딱 한 번 있었다. 반신반인 영웅 헤라클레스가 열두 가지 과업('43. 헤라클레스의 열두 가지 과업' 참조)을 수행하던 중의 일이다. 열한 번째 과업은 헤스페리데스(밤의 신 닉스의 딸)의 정원에서 사과 구해 오기였다. 헤스페리데스는 헤스페리스(황혼의 딸)의 복수형으로 황금 사과가 열리는 나무를 지키는 님프다.

헤스페리데스가 어디 있는지를 아는 이는 아틀라스뿐이었다. 프로메테우스를 통해 그 사실을 알게 된 헤라클레스가 찾아오자 아틀라스는 자기가 직접 가지 않으면 헤스페리데스는 물론이고 문지기인 머리 100개 달린 용도 경계할 것이라고 말하며, 잠시 하늘

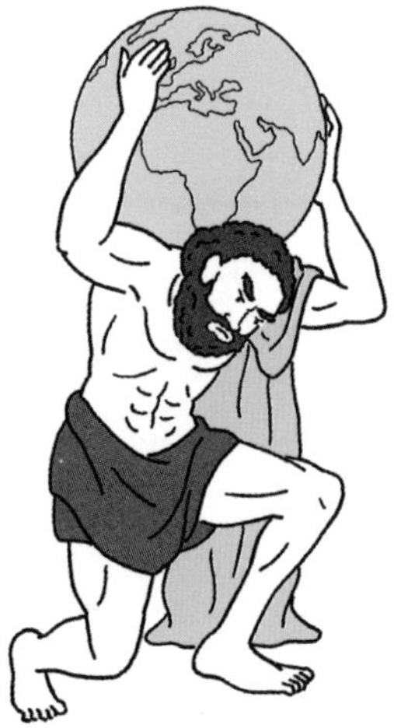

티탄 신족 아틀라스는 제우스의 명령으로 영원히 하늘을 짊어지는 임무를 맡게 되었다.

을 떠받치고 있으면 황금 사과를 가져다주겠노라 했다.

사과를 구해 오기는 했지만 다시 교대할 마음이 없었던 아틀라스는 받침대를 머리에 얹는 동안만 잠깐 교대해 달라는 헤라클레스의 말에 속아 넘어가 사과를 빼앗기고 다시 하늘을 떠받치게 되었다. 동생을 잘 아는 프로메테우스가 이러한 사태를 예견하고 헤라클레스에게 미리 대책을 귀띔해주었던 것이다.

그리스 신화 토막 상식

지명으로 남아 있는 아틀라스

아틀라스는 서쪽 끝에 줄지은 산지에 비유되었기 때문에 아프리카 서북단에 자리한 산맥과 대서양의 영어명이 되기도 했다.

중세 이후로는 지구 그 자체로 보는 의견도 나오기 시작해 아틀라스가 하늘을 떠받치는 그림이 지도책에 많이 그려졌다. 그러다 점차 지도책을 아틀라스라고 부르게 되었다.

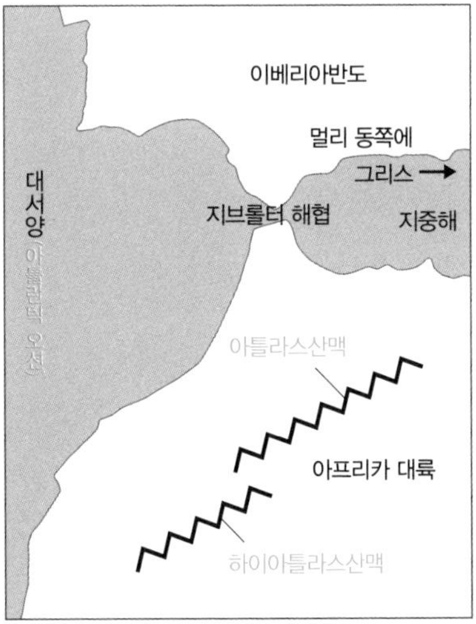

19

인류의 구세주 프로메테우스

제우스를 속이며 자식과도 같은 인간의 편이 되어준 신

티탄 신족 중에는 오케아노스와 테티스처럼 처벌을 면한 이가 있는가 하면 율법의 여신 테미스와 기억의 여신 므네모시네처럼 제우스의 아이를 낳은 이도 있었다. 가장 영리하게 행동했던 이는 전쟁 도중에 올림포스 신족 진영으로 돌아선 프로메테우스다.

프로메테우스의 배신은 어머니 클리메네 혹은 할머니 가이아의 조언에 따른 것이라는 말도 있고, 스스로 분석하고 판단한 결과라는 말도 있다. 다만 그의 이름이 '선견지명이 있는 자'라는 뜻임을 고려하면 다른 사람의 조언은 필요하지 않았을 듯하다.

흙을 빚어 최초의 인간을 만들었다고 하는 프로메테우스인 만큼 인간에 대한 애착도 강해서 제물로 바친 고기를 나눌 때도 제우스를 속이고 인간에게 유리한 방향으로 이끌어갔다. 이 일로 제우스의 노여움을 샀지만 프로메테우스는 전혀 굴하지 않고 인간을

제우스는 프로메테우스에게 코카서스산에서
독수리에게 영원히 간을 파먹혀야 하는 형벌을 내렸다.

더욱 이롭게 하기 위해 신들이 독점해 왔던 불을 훔쳐서 나누어주었다.

이번만큼은 제우스도 그냥 넘어갈 수가 없었다. 제우스는 불과 대장장이의 신 헤파이스토스가 만든 단단한 사슬로 코카서스산* 바위에 프로메테우스를 결박했다.

그저 묶어놓기만 한 것이 아니라 낮에는 산 채로 독수리에게 간을 파먹히고 밤사이에 다시 자라난 간을 다음 날 아침 다시 파먹히게 했다. 듣기만 해도 소름 끼칠 정도의 공포와 고통이 영원히 반

* 흑해 동쪽에 동서로 길게 뻗은 대코카서스산맥을 가리킨다.

복되는 끔찍한 형벌이었다.

훗날 헤라클레스가 독수리를 죽인 덕분에 프로메테우스는 겨우 풀려날 수 있었다.

프로메테우스가 목숨만은 부지할 수 있었던 이유는 제우스의 미래에 관한 중대한 비밀•을 알고 있기 때문이었다.

• 제우스가 테티스와의 사이에서 자식을 낳으면 자식에게 지배권을 빼앗긴다는 내용.

그리스 신화 토막 상식

인류를 구하는 존재의 상징

인류의 구세주였다는 점에서 프로메테우스는 획기적인 프로젝트의 명칭에 사용되는 경우가 많다.
일례로 메르세데스-벤츠는 1896년부터 9년간 유럽 연구사업 유레카의 일환으로 추진했던 무인 자율주행 연구 계획 프로젝트에 프로메테우스의 이름을 채택했다.
NASA가 2003년 착수한 원자로 탑재 목성 탐사기 구동 프로젝트에도 프로메테우스라는 이름이 붙었다.

프로메테우스의 가계도

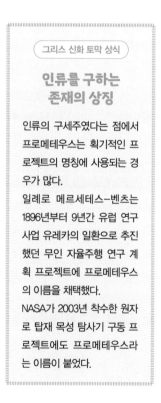

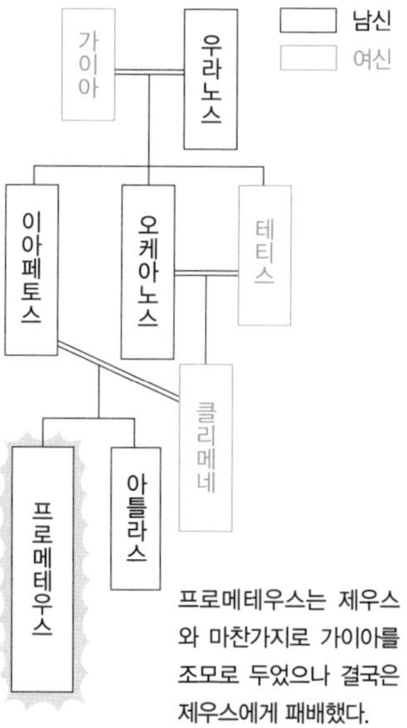

프로메테우스는 제우스와 마찬가지로 가이아를 조모로 두었으나 결국은 제우스에게 패배했다.

20

재앙과 희망을 불러온 판도라의 상자

인간을 벌하기 위해 남성만 있던 인간 사회에 미녀를 보낸 제우스

불을 도둑맞은 분노는 프로메테우스•를 벌하고 나서도 가라앉지 않았다. 제우스는 인간에게도 벌을 내리기로 했다.

먼저 대장장이의 신 헤파이스토스에게 흙으로 인형을 빚게 하고 거기에 목소리와 힘을 불어넣었다. 여신을 본뜬 아름다운 외모를 갖추게 하고 헤파이스토스가 만든 의상을 입혔다. 장신구로 치장하는 일은 아테나에게 맡겼다. 또 아프로디테에게는 욕정이 끓어오르게 만드는 힘을, 도둑의 신 헤르메스에게는 교활함과 파렴치한 마음을 불어넣게 해 인간 여성을 완성한 뒤 '모든 선물'이라는 뜻의 판도라라고 이름 붙였다.

그때까지만 해도 남성밖에 없던 인간 사회를 엉망으로 만들겠

• 비밀을 알려주는 대신 제우스와 화해했다.

다는 것이 제우스의 계획이었다. 심부름꾼이기도 한 헤르메스가 판도라를 프로메테우스의 동생 에피메테우스•에게로 데려갔다.

"제우스의 선물은 절대로 받아선 안 된다."

형이 그렇게 주의를 주었는데도 판도라의 매력에 넘어간 에피메테우스는 그녀를 아내로 맞아들였다.

판도라는 상자(항아리라고도 함) 하나를 가지고 왔다. 신들의 선물이 담겨 있는 이 상자를 절대로 열어서는 안 된다고 신신당부했음에도 불구하고, 하루는 호기심을 참지 못한 판도라가 그만 뚜껑을 열고 말았다.

그러자 질병, 빈곤, 거짓, 증오 등 그때까지만 해도 인간 세상에는 없던 온갖 재앙이 튀어나왔다. 이때부터 인간은 평생 재앙을 두려워하며 살아야 하는 운명이 되었다.

판도라가 황급히 뚜껑을 닫았을 때 그 안에 단 하나 남아 있던 것이 바로 희망이다. 그 어떤 절망적인 상황에서도 희망을 품는 일만큼은 허락된 것이다.

• 지혜로웠던 형과는 대조적으로 어리석었다.

판도라는 금지된 상자를 열어보지 않을 수 없었다.

그리스 신화 토막 상식

건드려서는 안 될 것

상자 안에 마지막으로 희망이 남아 있었다는 결말을 다행이라고 받아들일지 혹은 희망밖에 남지 않았다고 부정적으로 받아들일지는 저마다 해석이 갈릴 것이다.

그러나 현대에 들어 판도라의 상자는 건드려서는 안 될 것을 가리키는 부정적인 의미의 관용구로 정착되었다. 유의어로는 터부, 금기 등이 있다.

인간의 기원

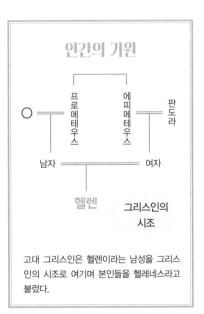

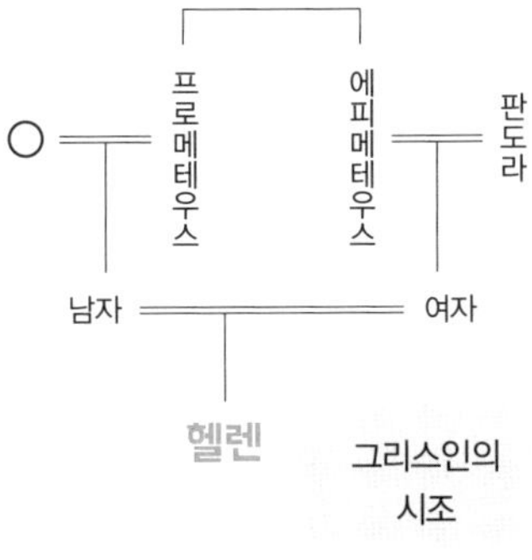

고대 그리스인은 헬렌이라는 남성을 그리스인의 시조로 여기며 본인들을 헬레네스라고 불렀다.

21

명계 끝자락의 타르타로스

티탄 신족이 갇히게 된 어둡고 음습한 세계

타르타로스는 여신과 관계를 맺고 아이를 만드는 존재로 등장할 때도 있는가 하면 대지 끝자락에 위치한 나락이라는 장소로 등장할 때도 있다.

헤시오도스의 『신통기』에 따르면 장소일 때의 타르타로스는 지하 깊숙한 곳에 존재하는데 땅에서 무거운 물건을 떨어뜨려도 그 입구에 도달하기까지는 10일이나 걸린다고 한다. 하늘에서 물건을 떨어뜨려도 땅에 닿기까지 마찬가지로 10일이 걸린다고 하니 땅에서 타르타로스 입구까지가 얼마나 먼지 충분히 짐작할 수 있을 것이다.

또 『신통기』에서는 타르타로스를 아주 크고 깊은 구멍이라고도 표현했다. 포세이돈이 청동으로 만든 담으로 타르타로스를 가로막았는데 그 주위에는 암흑이 삼중으로 층을 이루고 있다고 한다. 출입은 마찬가지로 포세이돈이 청동으로 만든 문을 통해서만 가능했고, 문은 헤카톤케이르 삼 형제가 지키고 서 있다.

이 문 안쪽이 음습한 어둠으로 뒤덮인 명계다. 항상 무시무시한 폭풍이 몰아치는 곳인데 이러한 세계에 사는 신들도 있었다. 밤의 여신 닉스• 와 낮의 여신 헤메라의 궁전, 더 들어가면 잠의 신 히프노스와 죽음의 신 타나토스의 궁전이 있다.

더 깊숙이 들어가면 머리가 3개 달린 개 케르베로스가 지키는 궁전이 있는데 이곳에는 명계의 주인 하데스가 아내 페르세포네와 함께 살고 있다. 케르베로스는 궁전에 들어가려는 이에게는 꼬리 치고 귀를 부비며 아양을 떨지만 나가려는 사람은 붙잡아서 가차 없이 먹어 치우는 잔인하고 통제 불가능한 맹견이다.

여기에서 더 들어가서 오케아노스의 장녀 스틱스•• 의 궁전을 지나면 안쪽에 보이는 막다른 곳이 티탄 신족이 갇혀 있는 타르타로스다.

• 카오스의 딸. 헤메라, 히프노스, 타나토스를 낳았다.

•• 명계에 흐르는 강의 여신. 강 그 자체기도 하다.

명계와 그 안쪽에 있는 타르타로스

그리스 신화 토막 상식

아시아에 대한 공포를 나타내는 말

13세기에 몽골군(유목 민족 연합)이 쳐들어왔을 때 유럽인은 그들 부족 중 하나인 타타르의 이름이 타르타로스와 닮았다는 이유로 몽골군을 타타르라고 총칭하며 공포의 대상으로 여겼다.

시대가 흐르며 타타르가 가리키는 대상은 아시아계 민족 전체로 확대되었다. 19세기 말 이후 서양에는 아시아계 민족이 서구 사회를 위협할 것이라는 황화론이 대두했는데 그 배경에는 타르타로스에 대한 두려운 이미지가 있었을 것이다.

22 제비뽑기로 정해진 제우스 삼 형제의 역할 분담

명계는 하데스, 바다는 포세이돈, 하늘은 제우스, 지상은 공유지

티탄 신족과의 전쟁에서 가장 활약한 신은 제우스였다. 그러한 만큼 제우스를 올림포스 신족의 우두머리로 삼자는 데에는 그 누구도 이의를 제기하지 않았다. 남은 문제는 누가 어디를 통치하느냐 하는 영역 배분이었다.

공평성을 위해 제비뽑기로 정하기로 했는데 고대 그리스의 남존여비 가치관을 반영해서인지 하데스, 포세이돈, 제우스만 제비를 뽑을 수 있었다. 그 결과 하데스가 명계, 포세이돈이 바다, 제우스가 하늘을 통치하게 되었다. 지상에 대해서는 언급이 없었으나 여러 신화를 종합해 보면 공유지와 같은 위치였던 듯하다.

이 삼 형제 중에서도 에피소드를 가장 많이 남긴 신은 제우스, 그다음이 하데스다. 포세이돈은 인지도에 비하면 주된 에피소드가 없다고 해도 과언이 아닐 정도다.

여기저기에 잠깐씩 등장하는 장면을 살펴보면 포세이돈은 바다와 샘을 관장하는 동시에 지진의 신이기도 했다. 올림포스산과 해저에 각각 궁전을 두었고 외출할 때는 바다짐승이 끄는 전차를 이용했다. 포세이돈이 전차를 몰면 잠잠했던 바다는 요동치고, 반대로 요동치던 바다는 잠잠해졌다고 한다. 파도의 세기부터 해상의 날씨까지 바다에서 일어나는 모든 현상을 포세이돈은 자기 뜻대로 조종할 수 있었던 것이다.

바다에서는 폭풍, 땅에서는 지진을 일으키는 능력이 있는 것으로 보아 포세이돈은 성미가 괴팍한 신이었던 듯하다. 그러한 성격은 여성과의 관계에도 반영되어 아내 암피트리테•와 여러 내연녀로는 만족하지 못해, 데메테르와 고르곤 세 자매••의 메두사를 강간하는 등 상습적으로 악질적인 행위를 벌였다.

• 바다의 신 네레우스의 딸. 가이아와 폰토스의 손녀다.
•• 고르곤 세 자매의 머리카락은 뱀이다. 마주친 상대를 돌로 만드는 능력이 있다.

포세이돈이 날뛰면 바다와 땅이 뒤집어졌다.

포세이돈이 낳은 아이들

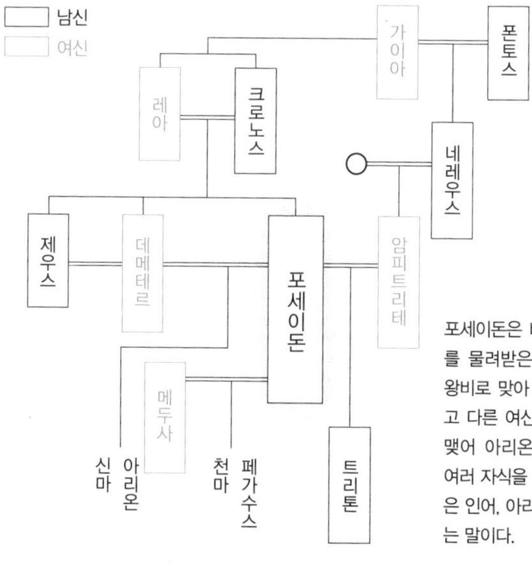

포세이돈은 바다의 신의 피를 물려받은 암피트리테를 왕비로 맞아 트리톤을 낳았고 다른 여신들과도 관계를 맺어 아리온, 페가수스 등 여러 자식을 낳았다. 트리톤은 인어, 아리온과 페가수스는 말이다.

아테네의 아크로폴리스

고대 그리스의 도시에는 종교의 중심인 아크로폴리스와 정치의 중심인 아고라(광장)가 반드시 갖추어져 있었다.

아크로폴리스는 '높은 도시'라는 뜻으로 그 이름에 걸맞게 높은 언덕 위에 형성되는 것이 관례였다. 그중에서도 유명한 아크로폴리스가 아테네인데 지금도 그리스의 수도 아테네의 상징으로서 부동의 지위를 자랑한다.

이테네에 처음 신전이 세워진 때는 기원전 12세기였다. 기원전 480년에는 페르시아군의 손에 의해 완전히 파괴되었으나 민주주의를 완성했다고 일컬어지는 페리클레스의 지도하에 재건되었다. 하지만 17세기 오스만 제국과의 전쟁 때 태반이 다시 파괴되고 말았다. 지금 남아 있는 건물은 19세기 이후에 재건된 것이다.

현재 아크로폴리스는 높이 150m의 바위 언덕 위에 위치한다.

여신 아테나를 모신 파르테논 신전을 중앙쯤에 두고 서쪽에는 입구에 해당하는 프로필라이아(앞문)와 아테나 니케 신전 등이, 북쪽에는 에레크테이온 신전이라는 지성소 등이 배치되어 있다.

출토품과 신전 장식의 원본은 파르테논 신전 뒤 언덕 남쪽 한편에 세워진 박물관에 보관 및 전시 중이다.

프로필라이아에서 내려다보는 시가지 풍경은 매우 특별하다. 아테나와 포세이돈이 아테네의 수호신 자리를 두고 싸웠던 이유도 수긍이 간다.

언덕 중앙에 세워진 파르테논 신전.

3장

올림포스 신족의 시대

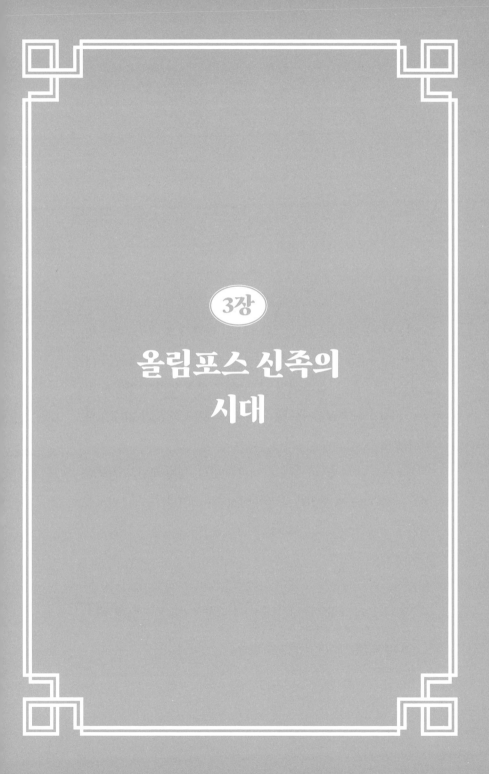

23 제우스에게 우롱당하는 아내 헤라

하루가 멀다 하고 다른 여자에게 손을 대는 최고신

결혼의 신 헤라는 크로노스와 레아의 셋째 딸로 제우스보다 먼저 태어났다. 즉, 제우스와 헤라는 같은 부모를 둔 남매다. 누가 봐도 근친혼이지만 사실 신화의 세계에서는 흔한 일이다. 결혼을 앞두고 문제가 된 부분은 근친혼이 아니라 제우스의 도가 지나친 바람기였다.

제우스는 이미 두 번 결혼한 적이 있었다. 첫째 부인은 지혜의 여신 메티스•, 둘째 부인은 율법의 여신 테미스••다. 아내가 버젓이 있는데도 제우스는 다른 여신이나 님프, 인간 여성 등과 외도를 거듭했다.

• '메티스가 낳을 자식이 매우 뛰어나 제우스에 도전할 것이라는 예언'이 이루어질 것을 두려워한 제우스에게 잡아먹히고 말았다.
•• 계절의 여신들과 운명의 여신들을 낳았다.

이러한 사실은 이미 잘 알려져 있었기 때문에 정절을 중요시한 헤라는 제우스의 구혼을 거절했다.

그러나 포기할 제우스가 아니다. 제우스는 뻐꾸기로 변신해 헤라에게 접근했다. 추운 날씨에 떨고 있는 뻐꾸기가 불쌍해 실내로 들이자 제우스가 본래의 모습으로 돌아와 헤라를 겁탈하려 했다고도, 뻐꾸기의 모습으로 집요하게 사랑을 속삭였다고도 하는데 결국에는 제우스가 헤라를 정실부인으로 삼겠다고 확약하면서 둘은 가까스로 맺어졌다.

예상했던 대로 제우스의 바람기는 잠잠해질 줄을 몰랐고 화가 난 헤라는 혼자서 대장장이의 신 헤파이스토스를 낳았다. 헤파이스토스가 둘 사이에서 태어난 자식이라는 설도 있는데 선천적으로

내려앉은 뻐꾸기를 바라보는 헤라. 사실은 제우스가 모습을 바꾸고 헤라에게 접근한 것이었다.

다리가 불편한 모습이 거슬린다는 이유로 헤라의 미움을 사서 명계에 버려졌다는 점만큼은 여러 설의 주장이 일치하는 부분이다.

말도 안 되는 이유지만 자신이 가장 아름답다고 자부하던 헤라인 만큼 아름다움과는 거리가 먼 헤파이스토스를 도저히 받아들일 수 없었던 듯하다.

그리스 신화 토막 상식

준 브라이드의 의미

헤라는 로마 신화의 유노와 동일시된다. 영어식 발음은 주노로, 6월을 의미하는 준도 그리스 신화의 여신 헤라에서 유래했다.

흔히들 '5월의 신부'라고 하지만 서양에서는 6월에 결혼한 신부는 행복한 결혼 생활을 한다는 뜻에서 '준 브라이드(6월의 신부)'라는 말을 더 자주 한다. 고대 그리스에서 6월의 수호신이 헤라였다는 점, 유럽의 많은 지역에서 농번기가 끝나고 기후도 안정적인 6월이 결혼식을 올리기에 가장 좋은 시기인 데에서 유래한 말이다.

제우스의 부인

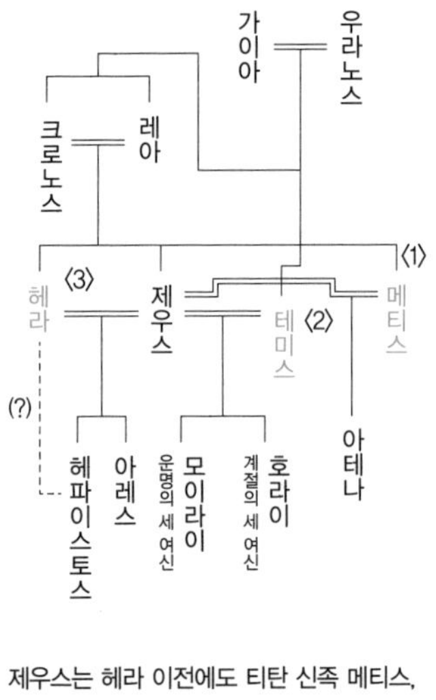

제우스는 헤라 이전에도 티탄 신족 메티스, 테미스와도 혼인 관계를 맺고 있었다.

24

아폴론과 아르테미스의 탄생

남편의 외도 상대를 용서하지 않는 헤라 때문에 고생한 레토

헤라는 질투심 많은 성격의 소유자였다. 제우스가 바람피운 사실을 알게 되면 남편이 아니라 상대 여성과 그 아이에게 분노를 터뜨리기 일쑤여서, 제우스가 점찍은 여성들 입장에서는 마른하늘에 날벼락 같은 일이 아닐 수가 없었다.

희생자 중 하나인 티탄 신족 레토도 제우스의 아이를 임신한 사실을 헤라에게 들켜 곤란한 상황에 처했다. 헤라가 군신 아레스와 무지개의 여신 이리스•를 파견해, 그 누구도 레토에게 출산할 자리를 내주지 않도록 명령했기 때문이다.

다행히 에게해 남부의 델로스섬이 자리를 내주었으나 출산의

• 무지개가 다리를 연상시킨다는 점에서 전령의 여신으로 여겨졌다.

여신 에일레이티이아•가 헤라 때문에 발이 묶인 탓에 레토는 아이를 바로 낳지 못하고 꼬박 9일 밤낮을 산고에 시달려야만 했다.

이때 레토 곁에는 레아와 테미스 등 적지 않은 여신들이 함께했는데 이들은 레토를 위해 한 가지 꾀를 냈다. 애원은 통하지 않아도 뇌물은 먹힐 것이라 생각해서 헤라의 시녀기도 한 이리스에게 멋진 목걸이를 바치겠다고 약속하며, 헤라 몰래 에일레이티이아를 데려오도록 부탁한 것이다.

이리스를 통해 여신들의 이야기를 들은 에일레이티이아는 딱한 마음이 들어 부탁을 흔쾌히 수락하고 이리스와 함께 바로 델로스섬으로 향했다.

그 덕분에 레토는 겨우 신탁의 신 아폴론과 수렵의 여신 아르테미스를 출산할 수 있었다. 훗날 델로스섬이 아폴론의 성지가 되어 델포이에 필적할 만한 명성을 떨치게 되는 이유도 바로 이곳이 레토가 아폴론을 낳은 곳이기 때문이다.

• 제우스와 헤라 사이에서 태어난 딸이라는 전승이 있다.

레토는 쌍둥이 남매인 신탁의 신 아폴론과 수렵의 여신 아르테미스를 낳았다.

그리스 신화 토막 상식

무지개의 장식성과 통신성

무지개는 신들의 뜻을 인간에게 전하기 위해 이리스가 사용하는 전용로다.

1874년에 발견된 한 광물이 이리스에서 유래한 이리듐이라 불리게 된 이유는 무지개처럼 다양한 색깔을 띠었기 때문이다. 이리듐의 원자 번호는 77번으로, 장신구의 재료로 사랑받고 있다.

미국에서 시작되어 지금은 일본에서 사업 중인 위성 휴대전화 서비스의 명칭이 이리듐 서비스인 것도 당초에 통신 위성 77개를 사용할 예정이었다는 점 외에도 통신 서비스를 제공한다는 점을 고려했기 때문이다.

이리스

25 질투심 많은 여신 헤라의 교묘한 함정

제우스의 진짜 모습을 보게 된 세멜레에게 닥친 참극

제우스는 여신과 님프 외에도 인간 여성에게까지 손을 댔다. 테베•의 공주 세멜레도 그중 한 사람이었다. 세멜레가 임신한 지 얼마 되지 않아 이 사실을 헤라도 알게 되었다. 제우스에게 직접 주의를 줘도 한 귀로 듣고 한 귀로 흘릴 뿐이라 헤라는 이번에도 상대 여성에게 분노의 화살을 돌리고 무시무시한 함정을 팠다.

헤라가 세멜레의 유모로 둔갑해 접근하자 세멜레는 아무런 의심 없이 임신하게 된 경위를 상세히 설명했다. 헤라는 기뻐하는 척을 하고 나서 한 가지 의문을 제기했다.

"그 남자는 신으로 위장한 가짜일지도 몰라요."

세멜레가 의도대로 걸려들자 헤라는 이때다 하고 진실을 확인

• 아테네의 북동쪽에 위치한 고대 도시. 지금의 티바.

할 방법을 가르쳐주었다.

다시 만난 제우스에게 세멜레는 헤라가 가르쳐준 대로 말했다. 자신을 정말로 사랑한다면 어떤 소원이라도 들어주겠다고 스틱스강에 맹세[•]해 달라는 부탁이었다.

제우스가 맹세하자 세멜레는 헤라가 시킨 대로 말했다.

"헤라 님과 계실 때의 모습을 보여주세요."

제우스는 당황했다. 스틱스강에 걸고 맹세한 이상 맹세를 지키지 않을 수 없었기에 천상에서 번개를 가지고 돌아와 세멜레 앞에 나타났다.

압도적인 빛과 열기는 인간이 버텨낼 수 있는 것이 아니라서 세멜레는 금세 타죽고 말았다. 제우스는 배 속의 아이를 구출해 자기 허벅지에 넣고 꿰맸는데 이 아이가 바로 술의 신 디오니소스다 ('38. 여성들을 광란케 한 디오니소스' 참조).

• 스틱스강을 걸고 한 맹세는 신성불가침이었다.

번개의 신 제우스가 내뿜는 광휘에 불타서 괴로워하며 죽어간 세멜레.

그리스 신화 토막 상식

태양계에서 가장 큰 제우스

제우스는 로마 신화의 유피테르와 동일시되는데 유피테르의 영어식 발음인 주피터는 태양계에서 가장 큰 행성인 목성을 가리킨다.
목성의 몇몇 위성에는 제우스와 육체적 관계를 가졌던 여성들의 이름이 붙어 있는데 칼리스토, 이오, 유로파(에우로페), 메티스, 레다, 리시테아 등을 꼽을 수 있다.

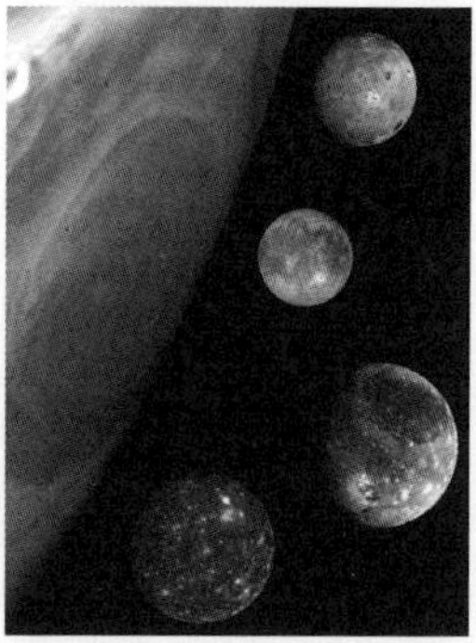

목성과 목성의 위성. 위에서부터 차례로 이오, 유로파, 가니메데, 칼리스토(사진 출처: NASA).

26

정조를 더럽힌 자에 대한 아르테미스의 벌

알몸을 본 자는 산 채로 사냥개 밥, 맹세를 어긴 시종은 추방

아르테미스는 제우스와 레토의 딸로 아폴론의 쌍둥이 누나 혹은 동생이라고도 했다.

수렵의 여신 아르테미스는 무엇보다도 순결을 중요시해서 본인은 물론이고, 자신을 따르는 님프들에게도 순결을 지키게 했다. 순결을 범하려는 자에게는 설령 고의가 아니라 해도 변명할 여지조차 주지 않고 엄벌을 내렸다.

이렇게 희생된 사람 중 하나가 세멜레의 조카인 악타이온이라는 사냥꾼이다. 아르테미스가 목욕하기 위해 벌거벗은 몸으로 물가에 있는 모습을 맞닥뜨리고 말았으니 최악의 상황이었다.

"내 알몸을 보았다고 어디 한번 떠들고 다녀보거라. 할 수 있다면 말이지."

아르테미스의 말이 떨어지기가 무섭게 악타이온은 사슴으로 변

해버렸고 자신이 데려온 사냥개 50마리에게 물어뜯겨 죽었다.

이와 같은 희생자는 아르테미스를 따르는 님프 중에도 있었다. 제우스의 눈에 드는 바람에 아르테미스로 변신한 제우스에게 겁탈당하고 임신하게 된 칼리스토다.

옷을 입고 있다면 몰라도 벌거벗었을 때는 배가 불러온 사실을 숨길 수는 없었다. 결국 칼리스토는 목욕하던 중에 임신한 사실을 아르테미스에게 들키고 말았다.

"저 멀리 꺼져버려라. 불결한 것."

이렇게 추방• 당한 칼리스토에게 또 다른 재앙이 찾아온다. 남자아이를 낳고 난 뒤 헤라가 내린 벌 때문에 곰이 되어버리고 만 것이다.

훗날 장성한 아들 아르카스•• 손에 죽을 뻔하기까지 했으니 그야말로 다사다난한 생애였다.

• 추방되었으나 제우스가 조치를 취한 덕분에 모자는 죽음을 피할 수 있었다.
•• 제우스는 칼리스토를 큰곰자리, 아들 아르카스를 작은곰자리로 만들었다.

아르테미스를 둘러싼 관계도

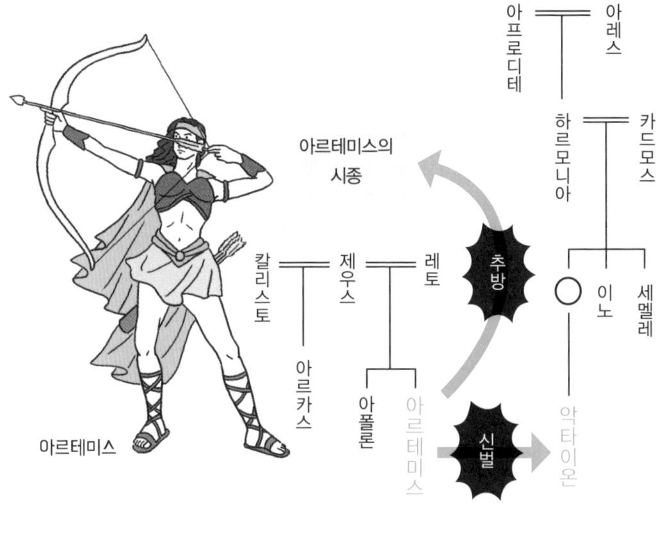

그리스 신화 토막 상식

달 하면 떠오르는 이름

광명의 신 아폴론이 태양신이기도 하다는 이유에서 남매인 아르테미스는 달의 여신으로 여겨진다.

지금도 서양에서는 달과 아르테미스가 연관이 있다고 보기 때문에 미국 NASA가 추진하는 유인 달 착륙(2024년 예정) 및 기지 건설 프로젝트에도 아르테미스의 이름이 사용되었다.

아르테미스 계획에서 사용될 예정인 우주선 오리온 (사진 출처: NASA).

27

연인을 암소로 둔갑시킨 제우스

이오에게 닥친 재난은 3개 대륙에 걸친 도주극으로 발전했다

제우스가 또 바람을 피우지는 않을까 하고 헤라는 늘 경계를 늦추지 않았다. 그 덕분에 제우스가 그녀의 신전에서 일하는 신관 이오와 좋은 시간을 보내고 있다는 정보를 빠르게 입수할 수 있었다.

갑자기 헤라가 나타났기에 제우스는 이오를 암소로 둔갑시켜 헤라를 속이려 했다. 하지만 헤라도 만만한 상대는 아니었다. 헤라는 억지로 제우스로부터 암소를 넘겨받은 다음 아르고스라는 눈이 100개 달린 괴물에게 감시하도록 했다. 아르고스의 눈들은 밤낮으로 돌아가며 교대했기 때문에 감시하기에는 이만한 적임자가 없었다.

제우스는 자기가 직접 나섰다가는 헤라의 화만 더 돋울 뿐이라고 생각해 마이아• 와의 사이에서 낳은 헤르메스에게 이오를 구출해 달라고 부탁했다.

헤르메스는 누구든 잠재워버릴 수 있는 지팡이를 가지고 있었고 피리를 잘 불었다. 지팡이와 피리를 함께 사용하자 100개의 눈을 재우는 일은 어렵지 않았다. 헤르메스는 모든 눈이 잠들자 아르고스의 목을 베어버리고 이오를 풀어주었다.

그러나 여기에서 물러날 헤라가 아니었다. 이번에는 곤충 등에를 보내서 쉴 틈을 주지 않고 물게 했다. 고통으로 반쯤 미쳐버린 이오는 정처 없이 도망을 다녔다. 서쪽으로 가다가 이오니아해가 나오자 해안을 따라 북상했다. 일리리아 지방●●을 거쳐 발칸산맥을 만나자 동쪽으로 방향을 틀어 유럽과 아시아 사이의 좁은 해협을 건너 쭉 동쪽으로 향했다.

그녀를 동정한 프로메테우스의 말에 따라 이오는 이집트까지 갔다. 그곳에 도착하자 제우스의 특명을 받은 헤르메스가 나타나 등에를 쫓고 그녀를 원래 모습으로 되돌려주었다.

● 아틀라스와 플레이오네의 딸.

●● 일리리아 지방은 발칸반도 북서부의 아드리아해 연안 지역을 가리킨다.

헤라는 제우스가 암소로 변신시킨 이오를 넘겨받아 아르고스에게 데려갔다.

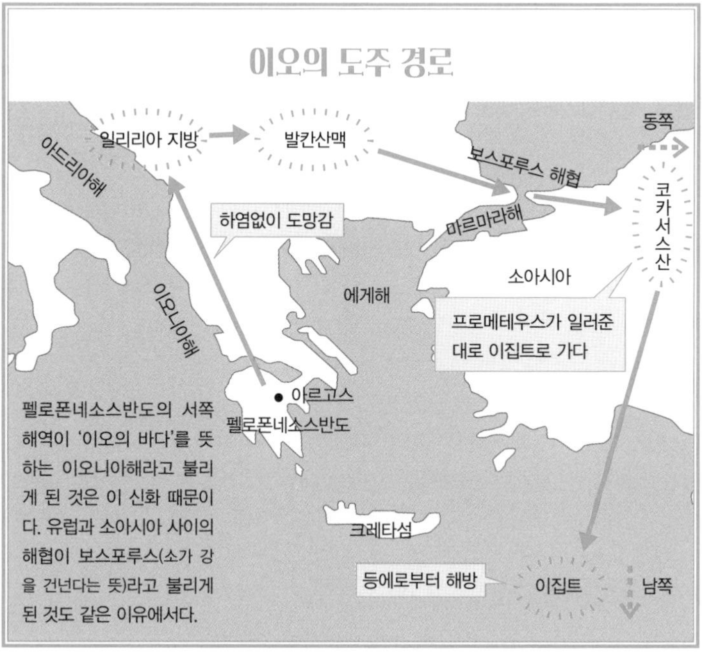

28 에우로페를 유괴한 제우스

늘 하던 대로 정체를 숨기고 접근해 미소녀를 손에 넣다

평소처럼 올림포스산 정상의 궁전 테라스에서 지상을 내려다보던 제우스는 지중해 동쪽 해안의 페니키아•에서 마음에 드는 미소녀를 발견했다. 바로 티로스••의 공주 에우로페였다. 제우스는 헤라 몰래 궁전을 빠져나가 크고 아름다운 황소로 변신해 에우로페에게 접근했다.

처음에는 경계하던 에우로페였으나 아름답고도 사랑스러운 황소를 보고 있자니 점점 마음이 끌리기 시작했다.

꽃을 꺾어 조심스레 코끝에 가져다 대자 황소는 에우로페의 손에 입을 맞췄다. 마치 고맙다는 인사라도 하는 듯했기에 에우로페

• 지금의 레바논에 해당한다.

•• 지금의 티레(수르라고도 함). 고대부터 무역으로 번성했다.

의 마음은 한층 더 열렸다. 얼마 지나지 않아 마음을 완전히 놓은 것인지 에우로페가 황소의 뿔에 화환을 씌워주며 등에 올라탔다. 그러자 황소는 천천히 바다를 향해 걷기 시작했다.

에우로페가 당황하지 않는 것을 확인하자 황소의 태도가 급변했다. 바닷물에 뛰어드는가 싶더니 엄청난 속도로 먼바다를 향해 헤엄치기 시작한 것이다.

갑작스러운 상황에 에우로페는 말문이 막힌 채 멀어져 가는 육지를 바라보며 한 손으로는 떨어지지 않으려고 황소의 뿔을 잡고 다른 한 손으로는 등 뒤를 짚고서 몸을 가누느라 정신이 없었다.

황소는 그대로 동지중해를 가로질러 크레타섬에 상륙했다. 다시 인간의 모습으로 돌아온 제우스는 헤라의 감시를 교묘하게 피하면서 에우로페와의 생활을 시작했다.

에우로페는 제우스와의 사이에서 세 아들 미노스, 라다만티스, 사르페돈을 낳았는데 장남 미노스는 크레타의 왕이 되었다.

에우로페를 태운 제우스는 바다에 뛰어들자마자 먼바다를 향해 헤엄치기 시작했다.

그리스 신화 토막 상식

페니키아와 그리스의 교류

세계에서 가장 오래된 문자는 메소포타미아에서 발명된 쐐기 문자다. 페니키아인은 쐐기 문자를 토대로 22개의 자음 문자를 고안해냈다. 이 페니키아 문자가 그리스로 전파되며 알파벳이 탄생했다. 현재 러시아와 유럽에서 사용하는 문자도 모두 페니키아 문자에서 유래했다.

제우스가 에우로페를 납치한 경로

제우스가 에우로페를 태우고 돌아다닌 지역은 그녀의 이름을 따서 유럽이라 불리게 되었다.

29 수호신 자리를 둘러싼 아테나와 포세이돈의 다툼

샘과 올리브 중 고대 그리스인이 더 반긴 것은?

불길한 예언에 떨고 있던 것은 크로노스뿐만이 아니었다. 제우스도 같은 운명을 맞으리라는 예언을 프로메테우스는 알고 있었다. 프로메테우스는 이 예언을 제우스에게 알려주는 대신 사면받았고 예언을 두려워한 제우스는 임신한 아내 메티스를 삼켜버렸다. 지혜의 여신을 흡수한 제우스의 지능은 한층 더 높아졌다.

메티스가 품고 있던 태아는 제우스의 머릿속에서 자라났고 이마를 쪼개고 나왔을 때는 이미 성인이었다. 갑옷과 투구를 착용하고 창과 방패로 무장한 모습이었다. 바로 지혜와 전쟁의 여신 아테나다.

신들이 관할 구역을 정하던 때 아티카 지방(아테네 주변 지역)의 수호신 자리를 두고 아테나와 포세이돈이 격렬한 언쟁을 벌인 일이 있다. 제우스를 비롯한 올림포스의 신들이 내놓은 조정안은 주민들에게 가장 좋은 선물을 준 신에게 이 지방을 맡기겠다는 것이었고 두 신이 이를 수락하면서 승부가 시작되었다.

먼저 포세이돈이 삼지창으로 땅을 내리치자 그 자리에 샘•이 솟아났다. 다음으로 아테나가 창으로 땅을 내리치자 올리브나무가 자라났다. 지켜보던 신들은 협의 끝에 건조한 풍토에 적합하고 쓰임도 다양하다는 이유에서 아테나의 손을 들어주었다. 이때부터 아티카 지방의 수도는 아테나 여신의 마을을 의미하는 아테네라고 불리게 되었다.

아르테미스와 마찬가지로 아테나 또한 처녀신이었고 성관계는 커녕 나체를 드러내는 일조차 꺼렸으나 아테나에게도 에릭토니오스••라는 아들이 있었다. 아테나가 직접 낳은 것은 아니고 몸에 묻은 헤파이스토스의 정액을 양털로 닦아 땅에 버렸더니 거기에서 태어난 자식이다.

• 포세이돈의 샘에서 나온 물이 소금물이었다는 전승도 있다.

•• 아테네 왕조의 시조. 영웅 테세우스('44. 미궁에 사는 괴물 미노타우로스' 참조)는 에릭토니오스의 자손이다.

아테나의 관계도

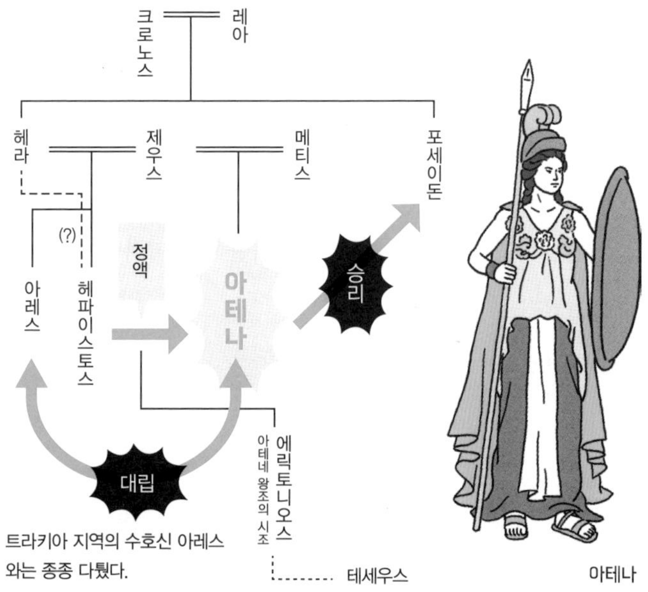

그리스 신화 토막 상식

아테나가 베푼 은혜

올리브나무의 원산지는 지중해 연안 어딘가로 알려져 있다. 열매는 고대로부터 와인과 더불어 그리스의 주력 수출 상품이었다.

올리브나무의 열매는 기름을 짜서 상품화하는데 드레싱이나 조미료로 가공될 뿐 아니라 건조한 피부에도 좋아서 예로부터 비누를 비롯한 화장품 원료로도 사랑받아 왔다.

30 다혈질에 잔혹한 아폴론

다재다능하나 감정만큼은 억제하지 못했다

신탁의 신 아폴론은 고대 그리스에서 이상적인 청년의 모습으로 여겨졌다. 음악과 시, 의술에 활 솜씨까지 그야말로 문무를 두루 갖춘 신이었는데 연애할 때도 성별을 가리지 않았다.

그리스 신화 속 신들은 훗날의 기독교 세계관 속 신처럼 공명정대하고 정의로운 존재는 아니었기에, 아폴론도 성인군자처럼 행동하지 않았다. 그중에서도 특히 아폴론은 엄청난 다혈질로, 자신의 기분을 상하게 한 자에게는 잔혹하기 그지없는 복수로 응수했다.

일례로 아테나가 던져버린 피리를 주운 사티로스• 마르시아스가 연주법을 마스터하고 우쭐한 나머지 아폴론과 겨루게 된 사건이 있다. 올림포스의 신들이 이를 지켜보기로 했고 승자는 패자를

• 염소의 특징을 지닌 반인반수의 신. 술을 좋아하고 색을 밝혔다.

마음대로 해도 좋다는 조건이었다.

이 대결에서 승리한 아폴론은 마르시아스를 나무에 거꾸로 매달고 산 채로 가죽을 벗겨버렸다.

피리를 잘 다루었고 자신의 실력이 아폴론 이상이라고 자랑했던 목축의 신 판도 있었다. 판도 아폴론과 피리 연주 대결을 하게 되었다. 이때도 아폴론은 압승을 거두었는데 딱 한 명 판의 손을 들어준 사람이 있었다. 바로 인간 대표로 참가한 프리기아의 왕 미다스였다.

아폴론은 몹시 화가 났지만 판정을 받아들일 수 없다는 이유만으로 미다스에게 벌을 주면 체면이 서지 않는다고 생각했다. 대신 우아한 연주를 구별할 수 있는 인간다운 청각을 갖지 못했다는 트집을 잡아 미다스의 귀를 당나귀 귀로 바꾸어 놓았다.

훗날 이솝 우화의 대표작이 되는 『임금님 귀는 당나귀 귀』는 이 미다스왕의 후일담에 해당한다.

화가 난 아폴론은 미다스왕의 귀를 담나귀 귀로 바꿔 놓았다.

그리스 신화 토막 상식

패닉 이야기

목축의 신 판은 다혈질인 데다 자고 일어난 직후는 저기압이라 조심스레 대해야 했다. 여름철에는 낮잠을 즐겼는데 그 시간을 방해라도 하면 큰 소리를 내며 주위 사람들을 당황하게 했다고 한다.
이러한 일화 때문에 판은 영어로 공포를 의미하는 패닉의 어원이 되었다.

아폴론의 신탁이란

그리스 중부에 위치한 파르나소스산 남쪽 기슭의 델포이에는 아폴론 신전이 있었다. 여러 도시 국가의 리더들이 이곳을 찾아 정치의 지침이 될 만한 신탁을 구했다. 무녀 시빌라가 무아지경에 빠진 상태로 아폴론의 계시를 받아 전해주었다.

31

월계수로 변해버린 다프네

정조를 지키려는 소녀에게는 아폴론도 당해낼 수 없었다

신탁을 내리는 신이자 음악, 의술, 목축, 광명까지 관장하는 아폴론은 제우스 못지않게 색을 밝혔다. 게다가 아폴론은 남녀를 가리지 않았기에 더 문제였다.

원래도 색을 밝히던 아폴론에게 사랑의 신 에로스•가 골탕을 먹인 일이 있다.

아폴론은 절세의 미남으로 언제나 활과 화살, 리라를 들고 다녔다. 괴물 피톤을 쓰러뜨리고 우쭐해 있을 때 자신과 마찬가지로 어딜 가나 활과 화살을 몸에 지니고 다니는 에로스와 맞닥뜨렸다.

에로스는 카오스로부터 태어난 태초의 신이지만 겉모습은 평생 아이였다. 그 때문일까. 아폴론은 에로스의 화살통에 든 것이 특수

• 영어 에로틱, 에로티시즘의 어원.

한 화살인지를 아는지 모르는지 에로스를 놀려댔다. 화가 난 에로스는 사랑에 빠지도록 만드는 화살을 아폴론에게, 혐오감이 들도록 만드는 화살을 강의 신 페네이오스의 딸 다프네에게 쏘았다.

다프네는 보기 드문 미소녀였는데 연애를 불결하게 여겨서 영원히 처녀로 남겠다고 맹세했고 아버지의 승낙도 받았었다. 그러한 다프네가 에로스의 화살에 맞기까지 했으니 아폴론이 아무리 쫓아다닌들 거부당할 수밖에 없었다.

다프네는 강경책도 불사하려는 아폴론에게서 벗어나기 위해 필사적으로 숲속을 달렸다. 잡히기 일보 직전에 겨우 아버지가 나타났고 다프네는 마지막 소원을 외쳤다.

"저를 이 남자에게서 지켜주세요. 제 아름다움을 다른 사람의 것으로 만들지 말아주세요."

그러자 다프네는 아름다운 나무로 변했다. 바로 월계수•다. 하지만 다프네를 향한 아폴론의 마음은 여전히 사그라들 줄을 몰랐다. 이때부터 아폴론은 한결같이 월계수 가지로 자신의 몸을 치장하기 시작했다.

• 녹나무과의 상록교목. 로리에Laurier라고도 한다.

아폴론의 연애 관계

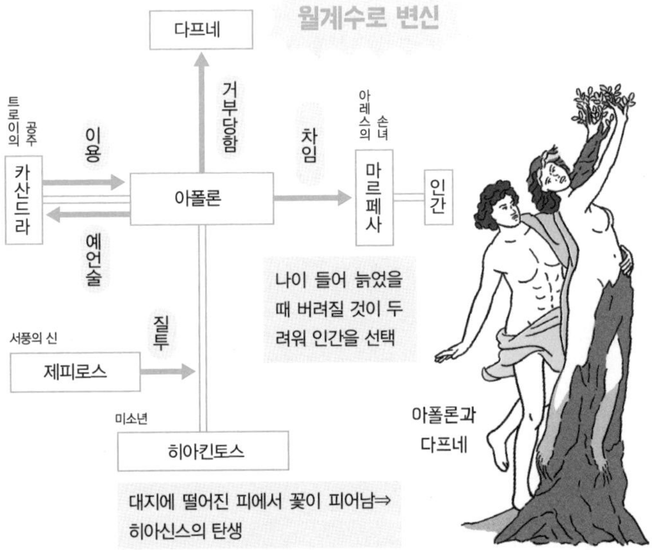

그리스 신화 토막 상식

금메달리스트와 월계관

아폴론은 가이아의 아들 피톤을 살해한 죄를 속죄하고자 제전을 주최했다. 이것이 고대 그리스 4대 제전 중 하나로 정례화되었고, 올림피아 다음으로 중요한 제전으로 자리 잡았다.

우승자에게는 월계관을 수여했는데 머지않아 올림피아 제전도 이를 따라 했으며, 근대 올림픽에서도 이를 채택했다.

32

하데스가 갈라놓은 모녀 사이

딸 페르세포네를 되찾기 위해 대지를 내팽개친 데메테르

같은 형제여도 하데스는 제우스나 포세이돈과는 달리 그다지 염문을 뿌리고 다니지 않았다. 이성에 관한 관심 자체가 적었기 때문이다.

그러나 그러한 하데스도 딱 한 번 격정적인 사랑에 빠져 감정을 통제하지 못한 적이 있었다. 상대는 제우스와 곡물의 여신 데메테르 사이에서 태어난 딸 페르세포네였다. 정공법으로는 거절당할 것이 뻔하다고 생각한 하데스는 제우스의 허락하에 강경한 수단을 동원하기로 했다.

커다란 수선화*를 피워내 페르세포네가 꽃에 정신이 팔린 틈을 타서 납치한 것이다. 일단 부부가 되고 나면 데메테르도 뜻을 굽힐

* 독성이 있어 죽음의 꽃이라고도 불렸다.

수밖에 없으리라는 생각에서 나온 너무나도 잔인한 방법이었다.

사랑하는 딸이 갑자기 사라지자 데메테르는 9일 내내 먹지도 마시지도 않은 상태로 페르세포네를 찾아 여기저기를 헤맸다.

제우스는 다 알면서도 모르는 척 시치미를 뗐다. 결국 유일한 목격자인 태양신 헬리오스와 마녀 헤카테가 데메테르를 딱하게 여겨 페르세포네가 명계로 납치되었다고 알려주었다.

제우스를 죽도록 원망한 데메테르는 태업에 들어갔다. 대지가 황폐해져 곡물이 전혀 자라지 못하자 인간들은 신에게 공물을 바칠 수 없게 되었고 난감해진 제우스는 하데스에게 사자를 보내 당장 데메테르에게 페르세포네를 돌려주라고 명령했다.

하데스는 그 말에 따르기로 했으나 페르세포네를 돌려보내기 전에 석류 열매•를 먹였다. 명계의 음식을 먹은 페르세포네는 명계의 일원이 되었다. 이 사실에 데메테르가 다시 분통을 터뜨리자 제우스가 타협안을 제시했다. 그 결과 페르세포네는 1년의 3분의 1은 지상에서, 3분의 2는 명계에서 보내게 되었다.

• 풍요와 결혼의 상징으로, 석류 열매를 먹으면 혼인이 성사된 것으로 간주했다.

제우스의 허락을 받은 하데스는 페르세포네를 명계로 납치했다.

그리스 신화 토막 상식

곡물에 깃든 힘

데메테르는 로마 신화의 케레스와 동일시되는데 케레스의 영어식 발음은 시리즈다. 시리얼이라는 단어는 여기에서 유래했다.
시리얼은 옥수수, 밀, 귀리, 현미 등의 곡물을 구워서 가공한 식품으로, 19세기 말 미국에서 환자들을 위해 개발되었다. 우유를 부어 먹으면 단 한 그릇만 먹어도 다양한 영양소를 섭취할 수 있어서 많은 사랑을 받았다. 토지가 척박한 일부 유럽에서는 이렇게 잡곡을 죽처럼 만들어 먹는 방식이 예로부터 습관처럼 자리 잡고 있었다.

데메테르

33

타고난 도둑 헤르메스

아폴론을 농락하고 황금 지팡이까지 손에 넣다

제우스는 플레이아데스* 중 하나인 마이아와도 관계를 맺었다. 마이아는 다행히 헤라에게 들키지 않고 아르카디아 지방의 키레네 산에서 남자아이를 출산했다.

이 아이가 헤르메스다. 헤르메스는 태어나면서부터 꾀가 많았고 혼자 돌아다닐 수도 있었다. 요람에서 기어 나오는 것은 당연했고 멀리 외출도 가능했다.

어느 날 헤르메스는 북방의 피에리아까지 가서 아폴론이 키우는 소 50마리를 훔쳤다. 소들은 뒷걸음질 치게 하고 자신은 커다란 샌들을 신는 등 은폐 공작도 용의주도하게 했다.

아폴론은 여기저기 수소문한 끝에 헤르메스를 찾아갔는데 헤르

* 아틀라스의 7명의 딸.

메스는 자기 같은 아이에게는 불가능한 일이라고 둘러대며 아폴론을 속였다.

아폴론은 일단 물러났지만 신탁의 신이라면 이 세상에서 밝혀내지 못할 일이 없었기 때문에 다시 한번 키레네산을 찾았다.

헤르메스가 끝까지 시치미를 떼자 아폴론은 제우스에게 호소했다. 제우스는 모든 것을 알고 있었기 때문에 헤르메스를 잘 타일러 소를 돌려주라고 할 셈이었으나 헤르메스는 순순히 돌려줄 마음이 없었다. 거북의 등딱지로 직접 만든 리라를 자랑하자 아니나 다를까 아폴론이 걸려들었다.

"소는 네게 주겠다. 대신 그 리라를 내게 다오." 헤르메스는 속으로 흐뭇해하며 거래에 응했다. 갈대로 만든 피리도 보여주자 아폴론이 이것도 갖고 싶어 했기에 대가로 황금으로 된 소몰이용 지팡이와 조약돌로 점치는 법을 전수받기로 했다.

꾀가 많은 헤르메스의 계략에 아폴론은 속아 넘어갔다.

그리스 신화 토막 상식

전형적인 마법사의 모습

신들의 전령 역할을 하는 헤르메스는 챙이 넓은 모자를 쓰고 손에는 지팡이를 든 모습을 하고 있다. 이것이 중세 이후에는 마법사 하면 떠오르는 차림새가 되었다.
특히 지팡이는 마법을 부릴 때 꼭 필요한 아이템이다. 『해리 포터』의 마법사들이나 『반지의 제왕』의 간달프를 봐도 그렇다.

아기 헤르메스의 소 도둑질

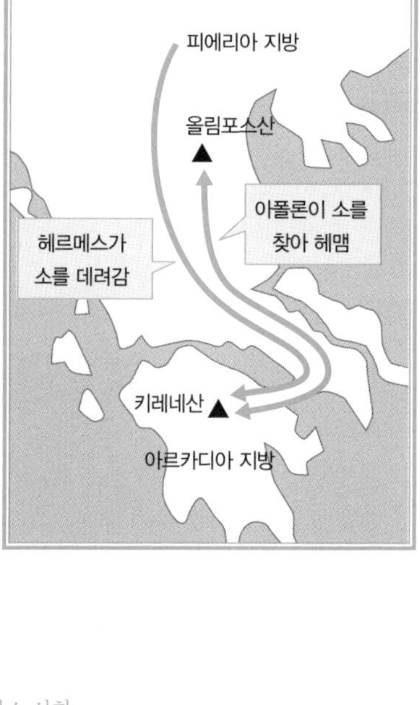

34

아테나와 아라크네의 대결

심기를 거스르는 인간에게 철퇴를 내린 아테나

지혜와 전쟁의 여신 아테나는 공예를 관장하기도 했다. 그중에서도 가장 자신 있는 분야는 실잣기와 베짜기였다.

인간 중에도 베짜기로 유명한 이가 있었다. 소아시아 서쪽 해안의 콜로폰•에 사는 소녀 아라크네는 베를 짜는 실력이 출중해 멀리서 님프들까지 견학을 올 정도였다.

다들 이 정도의 기술이라면 아테나 여신에게서 직접 배운 것이 분명하다고 생각했으나 아라크네는 단호하게 부정했다. 거기서 그치지 않고 아테나와 겨뤄도 지지 않을 자신이 있다, 진다면 무엇이든 내놓겠다고 큰소리를 쳤으니 아테나가 그냥 넘어갈 리가 없었다.

• 소아시아 서쪽 해안(이오니아)에는 그리스인의 식민지가 산재해 있었다.

아테나는 일단 노파의 모습으로 아라크네를 찾아가 여신께 용서를 구하라고 설득했으나 아라크네는 전혀 마음을 고쳐먹을 기미를 보이지 않았다.

하는 수 없이 아테나가 여신의 모습으로 돌아왔다. 주위의 모든 사람이 납작 엎드렸으나 아라크네는 새파랗게 질린 얼굴을 하고도 앉은 채로 자세를 바꾸려 하지 않았다. 정말로 승부에 임할 각오였던 것이다.

이렇게 해서 아테나와 아라크네의 맞대결이 벌어졌다. 아테나가 신들의 영광스러운 장면을 짜 넣은 것과는 대조적으로 아라크네는 신들의 정사나 추태를 짜 넣었다.

완성된 직물은 우열을 가리기 힘든 수준이었으나 신을 능욕하는 디자인에 화내지 않을 아테나가 아니었다. 아테나는 너도밤나무 토막을 쥐더니 아라크네의 머리를 힘껏 때렸다.

아라크네가 목을 매어 자살하자 아테나도 불쌍한 마음이 들었는지 아라크네를 거미로 만들었다.

아테나

아라크네

아라크네의 오만방자함을 여신 아테나는 용인할 수 없었다.

아테나와 아라크네의 승부

아라크네

- 교만
- 불손
- 반항
- 자살
- 거미가 되어버림

아테나

- 지혜
- 싸움
- 기예
- 정의

경고 ←

승부

폭행 ←

연민 ←

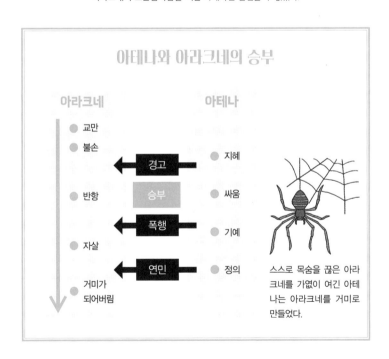

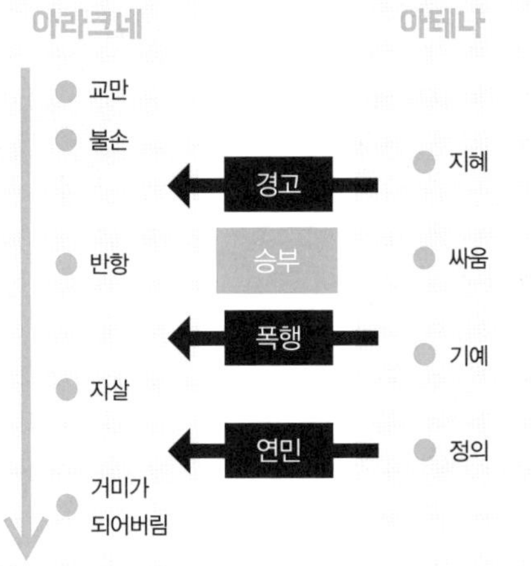

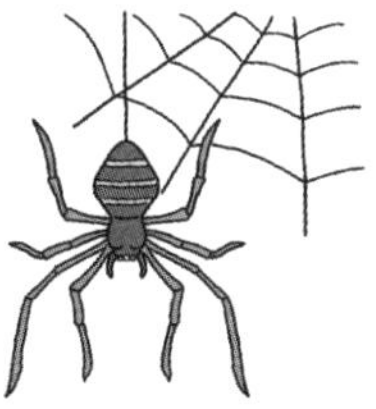

스스로 목숨을 끊은 아라크네를 가엾이 여긴 아테나는 아라크네를 거미로 만들었다.

35 에로스와의 약속을 깬 프시케

질투와 유혹은 시공을 초월한 인류 공통의 슬픈 본성

에로스는 헤시오도스의 『신통기』에서는 태초의 신으로 등장하지만 지금은 아프로디테•의 아들로 보는 전승이 더 일반적일지도 모르겠다.

두 신을 모자 관계로 보는 전승의 배경에는 아프로디테가 한 왕국의 프시케라는 공주의 미모를 질투해서 그녀를 불행에 빠뜨리려 했던 이야기가 있다. 아프로디테는 이 임무를 에로스에게 맡기는데 에로스는 프시케의 아름다움에 반해서 그만 사랑의 화살로 자기 손가락을 찌르고 말았다.

한편 프시케의 부모는 좀처럼 좋은 인연을 만나지 못하는 딸이 걱정되어 신탁을 구하러 갔다. 그러자 딸을 새 신부 차림으로 단장

• 에로스와 같은 사랑의 신이라는 점에서 가족으로 여겨졌다.

시킨 다음 산 정상에 버려두라는 계시가 있었으므로 이에 따랐다.

홀로 산 정상에 남겨진 프시케는 바람을 타고 호화로운 궁전으로 가게 되었고 모습을 보이지 않는 남편과 신혼 생활을 시작했다. 하인들의 모습도 볼 수 없었지만 식사부터 목욕 준비까지 바라는 대로 척척 이루어졌기 때문에 아무런 불편함이 없었다.

밤마다 따뜻하게 안아주는 남편은 동틀 녘이 되면 절대로 자신의 모습을 봐서는 안 된다며 단단히 못을 박은 뒤 자취를 감췄다.

이러한 프시케를 질투한 언니들은 입을 모아 남편의 정체를 확인해야 한다고 부추겼다. 불안해진 프시케는 언니들의 말에 따라 잠든 남편의 뒷모습을 램프로 비추었는데 그러자 눈에 들어온 것은 날개 달린 에로스의 모습이었다.

램프의 기름 한 방울이 등에 떨어지는 바람에 놀란 에로스가 잠에서 깼는데 그 순간 이미 에로스의 모습은 온데간데없었다. 이와 동시에 궁전부터 시작해 모든 것이 사라져버렸고 남은 것은 초원에 홀로 멍하니 서 있는 프시케뿐이었다.

남편의 모습을 불빛에 비추어 보는 금단의 행위를 저지르고 만 프시케.

그리스 신화 토막 상식

미녀와 야수 이야기의 원조

프시케의 원래 의미는 숨결이다. 이 뜻이 변하여 마음이나 영혼이라는 의미로도 사용하게 되었다. 프시케의 영어식 발음인 사이키는 심리학을 의미하는 사이콜로지의 어원이다.
한편 18세기 프랑스에서 발표되어 디즈니 영화로도 만들어진 『미녀와 야수』가 에로스와 프시케의 이야기에 뿌리를 두었다는 설도 있다.

질투의 대상이 된 프시케

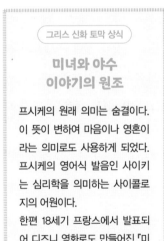

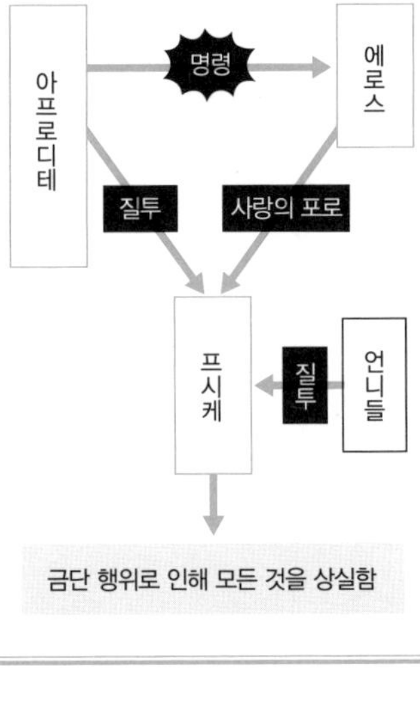

36 어머니 헤라에게 복수하는 헤파이스토스

손재주로는 둘째가라면 서러운 신이 만든 함정

대장장이와 장인의 신 헤파이스토스의 출생에 대해서 헤시오도스의 『신통기』는 헤라가 혼자 낳았다고 했지만 다른 전승에는 헤라와 제우스의 아이로 나오기도 한다. 후자에 따르면 트로이 전쟁 때 제우스가 그리스 연합군 편에 선 데 반해 헤파이스토스는 헤라를 따라서 트로이 편을 들었다. 이 때문에 제우스의 분노를 샀다. 화가 난 제우스는 헤파이스토스를 걷어차버렸고, 헤파이스토스는 올림포스산 정상의 궁전에서 추락했다.

그렇게 해서 헤파이스토스가 떨어진 곳이 에게해의 림노스섬이다. 섬 주민들이 치료하고 숨겨준 덕에 목숨은 건졌지만 한쪽 다리를 접질러서 장애를 갖게 되었다.

헤라가 헤파이스토스를 혼자 낳았다는 전승에 따르면 선천적으로 한쪽 다리가 불편한 점을 마음에 들지 않아 한 헤라의 손에 의해 올림포스산 정상에서 바다로 버려졌다고도 한다. 이때 에우리노메[•]와 테티스[••]가 구출해주었고 이후 깊은 해저 동굴에서 9년이라는 세월을 보내는 동안 대장장이 기술을 습득했다는 것이다.

훗날 헤파이스토스는 어머니에게 복수한다. 자신의 기술로 만든 황금 의자를 헤라에게 선물하는데 이 의자는 앉은 사람을 사슬로 결박하게 되어 있었고 이에 헤라는 옴짝달싹도 못 하게 되고 말았다.

사슬은 헤파이스토스가 아니면 그 누구도 풀 수 없었다. 헤파이스토스는 제우스를 비롯한 올림포스 신들의 중재안을 좀처럼 받아들이려 하지 않았으나 결국에는 원하는 조건을 들어주는 대가로 헤라를 풀어주는 데 동의했다. 조건은 올림포스산에서의 정당한 지위와 올림포스에서 1, 2위를 다투는 미녀 아프로디테와의 결혼이었다.

• 오케아노스와 테티스의 딸.

•• 영웅 아킬레우스의 생모.

헤파이스토스가 바친 황금 의자에는 앉은 사람을 결박하는 장치가 설치되어 있었다.

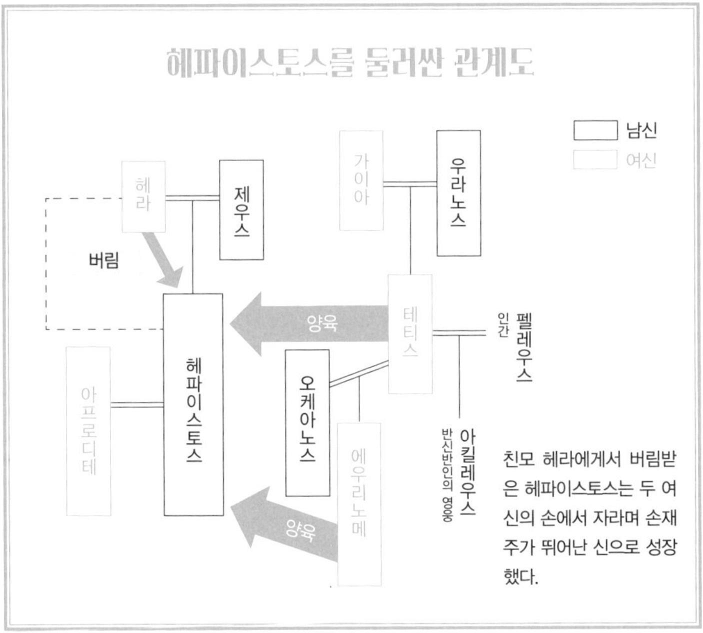

친모 헤라에게서 버림받은 헤파이스토스는 두 여신의 손에서 자라며 손재주가 뛰어난 신으로 성장했다.

37 아프로디테와 아레스의 불륜

손재주로 다시 한번 함정을 판 헤파이스토스

헤파이스토스와 아프로디테는 그야말로 미녀와 야수라고 할 수 있었는데 둘 사이의 가장 큰 문제는 아프로디테의 바람기였다. 예상대로 아프로디테는 결혼 후에도 헤파이스토스 몰래 여러 남자와 내통했다.

그중에서도 가장 좋아했던 상대는 군신 아레스였다.

태양신 헬리오스•만큼은 모든 것을 알고 있었다. 헬리오스를 통해 아내의 불륜을 알게 된 헤파이스토스는 아내를 혼쭐 내주기로 마음먹고 거미줄처럼 투명한 그물을 만들어 침대에 설치했다.

늘 그랬듯이 헤파이스토스가 외출하자 아프로디테는 아레스를 불러들였다. 두 신이 침대에 눕자마자 신들의 눈에도 보이지 않는

• 천상에서 세상을 내려다보고 있어서 낮 동안 일어나는 모든 일을 파악하고 있다.

그물이 둘을 덮쳤다. 헤파이스토스가 아니면 그 누가 와도, 풀 수도 찢어버릴 수도 없는 그물이었다.

적당한 때를 봐서 돌아온 헤파이스토스는 분노로 몸을 떨며 올림포스의 신들을 증인으로 불러 모았다. 모두가 알고 있던 사실이라고는 해도 막상 아프로디테와 아레스의 불륜 현장을 직접 맞닥뜨리자 신들은 실소를 금치 못했다.

아폴론은 헤르메스를 쿡쿡 찌르며 "네가 대신 희생양이 되는 게 어떻겠어?" 하고 속삭였다. 헤르메스도 "모든 신이 지켜보는 가운데라 해도 그녀와 동침할 수 있다면야 기꺼이."라며 한술 더 뜨고 나섰다.

그러나 아프로디테와 아레스를 영원히 그 상태로 둘 수도 없었다. 포세이돈이 중재에 나서자 헤파이스토스도 뜻을 굽히고 두 신을 풀어주었다.

헤파이스토스는 눈에 보이지 않는 그물로 아프로디테와 아레스를 잡았다.

그리스 신화 토막 상식

전쟁의 상징

아레스는 로마 신화의 마르스와 동일시된다. 그리스 신화에는 아레스가 등장하는 에피소드가 그리 많지 않으나 고대 로마에서는 마르스에 대한 신앙심이 유피테르(제우스) 못지않았다. 로마가 군사 국가였다는 점이 작용했을 것이다.

한편 화성이 마르스라 불리게 된 이유는 붉은색의 화성이 전쟁을 연상시키기 때문이다. 이 색은 불꽃의 색이자 피 색깔을 의미하기도 했다.

헤파이스토스가 만든 물건들

헤파이스토스는 신과 영웅들에게 여러 가지 물건을 만들어주었다.

갑옷과 투구 아킬레우스에게 선물.	목걸이 하르모니아가 결혼식 때 착용.	미녀 에피메테우스의 아내 판도라.
흉갑 헤라클레스에게 선물.	황금 의자 헤라를 결박.	화살 아폴론과 아르테미스에게 선물.
그물 아프로디테와 아레스를 잡음.	열대어, 장식품 테티스에게 선물.	날개 달린 마차 헬리오스에게 선물.

38 여성들을 광란케 한 디오니소스

신앙심 증진에 와인을 이용한 술의 신

세멜레는 헤라의 계략에 빠져서 불에 타 죽지만 태아는 간발의 차이로 제우스에게 구출되어 그의 허벅지 안으로 옮겨졌다. 산달이 되어 허벅지를 뚫고 나온 것이 술의 신 디오니소스다.

제우스는 세멜레의 자매 이노에게 아기를 맡겼으나 헤라의 계략으로 이노가 죽어버리자 니사산에 사는 님프에게 아기를 키워 달라고 부탁했다. 프리기아의 산야에 사는 사티로스에게 맡겼다는 전승도 있다.

성인이 된 후에도 헤라의 핍박이 이어졌기 때문에 디오니소스는 부득이하게 떠돌이 생활을 하게 되었다. 그래도 그 기간에 포도 재배법과 와인 주조 기술 습득이라는 큰 성과를 얻었다. 디오니소스는 사람들에게 자신이 배운 기술을 전수하는 한편 자신을 모시는 비밀 의식을 전파하는 데도 힘썼다.

이 의식은 밤 동안 와인을 마시며 광란의 파티를 벌이는 특이한 의식이었는데 신자 대부분이 지위가 낮은 여성이었기 때문에 기득권자들은 이들 무리를 눈엣가시처럼 여겼다. 디오니소스의 사촌인 테베의 왕 펜테우스도 그중 한 사람이었다. 하지만 사람들은 디오니소스의 가르침에 열광했다. 그 무리에는 펜테우스의 어머니 아가우에•도 섞여 있었다.

디오니소스를 투옥시켜도 손쉽게 탈옥해버려서 아무런 효과도 볼 수 없었다. 펜테우스는 강경책을 정당화할 구실을 찾기 위해 의식이 열리는 산속에 홀로 잠입했다.

그렇게 나무 위에서 정황을 살피다 들키고 만 펜테우스는 아가우에를 비롯한 여성 신자들의 손에 갈가리 찢겨 죽고 말았다. 한창 의식을 치르는 중일 때의 신자들은 인간과 야수를 분간조차 하지 못하는 만취 상태였기 때문이다.

• 세멜레와 이노의 자매. 테베의 건국자는 그녀들의 아버지다.

밤 동안 산속에서 와인을 마시며 광란의 파티를 벌이는 술의 신 디오니소스.

그리스 신화 토막 상식

카니발의 원형

디오니소스는 바쿠스라고도 하며(영어식으로는 바커스) 디오니소스가 연 광란의 파티는 바카날이라고 한다. 현재 기독교 국가에서 열리는 카니발(사육제)은 바카날에서 유래했다.
떠들썩한 연주와 역동적인 춤으로 유명한 남미의 삼바 카니발은 가장과 가면이 특징인 유럽 각지의 카니발보다도 더 원형에 가깝다고 할 수 있다.

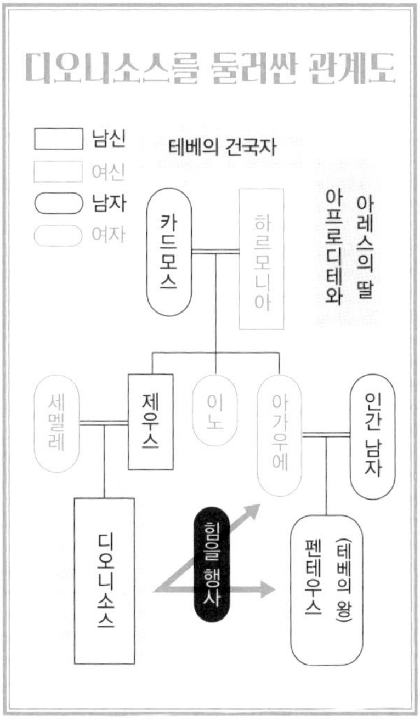

그리스 신화 성지 순례 3

올림포스산

제우스와 헤라 등 올림포스 12신(8~9쪽 참조)의 궁전은 그리스 북부의 올림포스산에 있었다고 한다.

가장 가까운 도시는 그리스 제2의 도시인 테살로니키인데 수도 아테네에서 당일치기로 다녀오기는 힘들다. 테살로니키에서 출발하는 현지 투어를 이용하는 것이 좋다.

올림포스산은 하나의 산이 아니라 여러 산을 묶어 부르는 말로, 최고봉이 2,917m나 되므로 제대로 된 등산 장비 없이 오르기는 힘들다.

운이 좋으면 절벽에 잿빛 구름이 걸려 신화 속 세상의 분위기가 물씬 나는 풍경이나 눈 아래 펼쳐진 푸른 바다를 감상할 수 있다. 광학 기기 제조업체인 올림푸스의 회사명이 이 산에서 유래한 것도 수긍이 간다.

체력적으로 등산이 힘들다면 산기슭에서 바라보는 데 만족해야겠지만 그래도 올림포스산의 위용은 충분히 느낄 수 있다.

등산로 입구에 해당하는 동쪽 산기슭에 위치한 리토호로 마을은 '신의 거리'라고도 불린다. 올림포스 12신을 모신 신전이 남아 있었다면 더할 나위 없겠으나 아쉽게도 기독교화된 지금은 불가능한 이야기다.

아쉬운 대로 현지 투어에 참가하면 고대 마케도니아인이 제우스를 모셨던 디온이라는 신전 터를 방문할 수 있다. 알렉산드로스 왕이 동방 원정을 떠나기 전에 공물을 바치기도 했다는 유서 깊은 성지다.

산기슭에서 올려다본 올림포스산 정상(사진 출처: PIXTA).

4장

영웅들의 이야기

39 청동으로 된 방에 격리된 다나에

페르세우스의 인생은 태어나기 전부터 파란만장했다

아르고스의 왕 아크리시오스는 두려움에 떨고 있었다.

"너의 딸이 낳은 아들 손에 죽으리라."

이러한 꺼림칙한 신탁을 들었으니 그럴 법도 했다.

신탁이 이루어지지 않도록 할 수 있는 일은 다 해 보려고 했던 아크리시오스는 외동딸 다나에의 혼기가 차자 청동으로 된 방에 가두어버렸다. 벽과 문은 꿈쩍도 하지 않을 만큼 튼튼했고 경비도 삼엄해서 그 누구도 방 안에 들어갈 수 없었다.

상대가 인간이라면 막을 수 있겠지만 신이라면 이야기는 달라진다. 게다가 하필이면 제우스가 다나에에게 반하고 말았으니 어찌할 도리가 없었다. 제우스는 황금비가 되어 매우 좁은 틈을 비집고 방으로 들어가 뜻을 이루는 데 성공했다.

아크리시오스가 이 사실을 알았을 때는 이미 다나에의 배가 불러온 뒤라서 아이를 지울 수도 없는 상태였다. 배 속의 아이와 함께 다나에를 없애버리면 문제는 해결되겠지만 사랑스러운 외동딸을 제 손으로 죽이는 끔찍한 일을 할 수 없었기에 차선책을 강구해야 했다.

태어난 아이에게는 페르세우스라는 이름이 붙여졌다. 탄생은 이별을 의미하기도 했다. 페르세우스는 다나에와 함께 나무 상자에 담겨 에게해에 버려졌다.

파도를 타고 표류하기를 며칠째, 나무 상자는 세리포스섬•에 도착했다. 딕티스라는 어부가 이들 모자를 발견했는데 다행히도 마음씨 착한 그는 다나에와 페르세우스를 따뜻하게 맞이하고 여러모로 보살펴주었다.

• 에게해 중부의 키클라데스 제도를 구성하는 섬 중 하나.

다나에 앞에 황금비로 변신한 제우스가 나타났고 다나에는 아이를 가지게 되었다.

그리스 신화 토막 상식

영웅 성장 서사의 원조

페르세우스처럼 쫓겨났던 아이가 자라나 영웅이 되는 이야기는 고대로부터 각지에서 많이 만들어졌다. 그중에서도 페르세우스 신화는 후대의 작품에 끼친 영향이 지대하다.
예로 『스타워즈』의 루크 스카이워커와 『반지의 제왕』의 프로도 등은 페르세우스와 유사한 모험을 하게 된다.

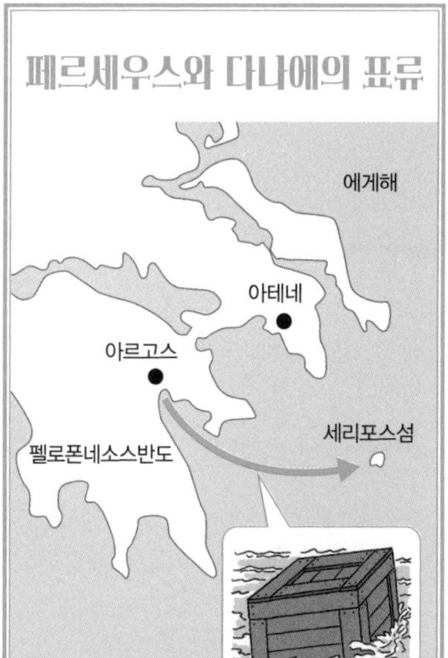

40 메두사를 처단한 페르세우스

상대방을 돌로 만들어버리는 괴물에 맞선 반신반인의 영웅

페르세우스가 씩씩한 청년으로 성장했을 무렵, 원래도 유명했던 다나에의 존재와 아름다운 미모는 세리포스섬의 왕 폴리덱테스에게도 알려지게 된다. 왕은 그녀에게 구애했으나 다나에는 왕과 결혼할 마음이 전혀 없었고 또 항상 페르세우스가 옆에 있었기 때문에 제아무리 왕이라고 해도 억지로 결혼을 밀어붙일 수도 없었다.

그래서 폴리덱테스는 한 가지 꾀를 냈다. 다른 나라에서 왕비를 맞이하기로 했다고 발표한 다음 섬에 사는 남자들을 궁전에 모아두고 축하의 의미로 한 사람당 말 한 마리를 바치라고 명령을 내린 것이다.

어머니와 단둘이 살던 페르세우스에게 말을 살 만한 밑천이 있을 리 없었다. 페르세우스는 "제 힘으로 할 수 있는 일이라면 가령

고르곤•의 머리라도 잘라 올 텐데요. 말을 바치라니…"라고 푸념했다.

폴리덱테스는 바로 이 말이 나오기를 기다리고 있었다. 고르곤을 무찌르러 나섰다가 살아 돌아온 자는 누구도 없었다. 페르세우스만 사라진다면 다나에를 마음대로 할 수 있지 않은가.

고르곤은 상대방을 돌로 만들어버릴 만큼 무시무시한 모습을 하고 있었기에 그냥 싸우러 가서는 이길 수 있는 상대가 아니었다. 아들이 위기에 처했다는 사실을 알게 된 제우스가 아테나와 헤르메스를 보내주었다.

두 신의 조언에 따라 페르세우스는 우선 그라이아이•• 세 자매를 찾아가 고르곤이 사는 곳을 알아내는 데 성공했다.

다음으로는 고르곤을 무찌를 차례였는데 표적은 고르곤 세 자매 중에서 유일하게 불사의 능력이 없는 막내 메두사로 정해져 있었다.

메두사도 대단한 강적임은 분명했으나 아테나와 헤르메스가 여러 도구를 빌려준 덕분에 페르세우스는 무사히 메두사의 머리를 자르는 데 성공했다.

• 머리카락이 수많은 뱀으로 된 괴물 세 자매.
•• 태어날 때부터 노파의 모습이었던 고르곤의 자매들.

페르세우스는 신들에게 빌린 무구를 사용해 메두사의 머리를 자르는 데 성공했다.

페르세우스의 장비

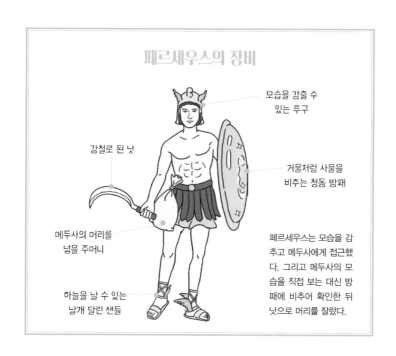

페르세우스는 모습을 감추고 메두사에게 접근했다. 그리고 메두사의 모습을 직접 보는 대신 방패에 비추어 확인한 뒤 낫으로 머리를 잘랐다.

41 미녀 안드로메다 구출극

바다 괴물에 시달리던 에티오피아 왕국을 해방시키다

메두사의 머리를 주머니에 넣고 세리포스섬으로 돌아오던 페르세우스는 에티오피아 상공에 다다랐을 때 한 여성이 바위에 쇠사슬로 묶여 있는 광경을 보았다. 의아하게 여겨 지상에 내린 페르세우스는 그녀가 에티오피아의 공주 안드로메다고 모든 일은 그녀의 어머니 카시오페이아의 오만한 발언 때문에 벌어진 것이라는 이야기를 들었다.

"네레이데스• 중 그 누구도 아름답기로는 나를 따라올 수는 없어요."

미모에 자신 있던 왕비의 이 한마디가 네레이데스 자매들을 분노케 했고 자매들의 의뢰를 받은 포세이돈이 바다 괴물을 날뛰게

• 바다의 신 네레우스의 50명의 딸들.

했다. 사태를 해결하고자 아몬 신전●에서 신탁을 구하자 딸을 제물로 바치는 수밖에 없다고 했기 때문에 안드로메다가 바위에 묶이게 된 것이다.

안드로메다에게 반한 페르세우스는 국왕 케페우스를 알현하고 안드로메다와의 결혼을 조건으로 괴물을 무찌르기로 했다. 페르세우스는 바위 뒤에 몸을 숨기고서 괴물이 나타나기를 기다렸다.

바닷속에서 괴물이 모습을 드러내자 페르세우스는 격렬한 싸움 끝에 괴물을 쓰러뜨렸다고도 하고 혹은 메두사의 머리를 사용해 돌로 만들어버렸다고도 전해져 내려온다. 여하튼 괴물을 무찌르고 안드로메다를 구출하는 데 성공한 페르세우스는 그녀를 데리고 왕궁으로 향했고 국왕 내외로부터 환대를 받았다.

이 자리에 국왕 케페우스의 형제이자 안드로메다의 약혼자기도 한 피네우스가 군대를 이끌고 들이닥쳐서는 훼방을 놓으려고 했다. 페르세우스는 동요하지 않고 "나의 편이라면 얼굴을 돌려라." 하고 소리 높여 외친 뒤 메두사의 머리를 꺼내 들어 침입자들을 모조리 돌로 만들었다.

이렇게 해서 두 사람은 정식으로 부부가 된다.

● 이집트 서부의 오아시스에 위치한 신전. 신탁으로 유명했다.

안드로메다를 돕기 위해 바다 괴물에게 덤비는 페르세우스.

그리스 신화 토막 상식

별과 함께 영원히 살아가다

페르세우스 신화 속 캐릭터들은 페르세우스자리, 안드로메다자리, 케페우스자리, 카시오페이아자리, 고래(바다 괴물)자리 등 늦가을부터 초겨울에 걸쳐 북쪽 하늘을 장식하는 별자리들의 이름이 되어 지금도 살아가고 있다.

카시오페이아는 영어로는 카시오페아라고 발음하는데 JR동일본 등이 운영하는 침대 특급열차의 이름이기도 하다. 이 특급열차가 우에노에서 출발해 삿포로를 향해 북상한다는 데서 유래한 이름이다.

늦가을~초겨울의 북쪽 하늘에 나타나는 별자리

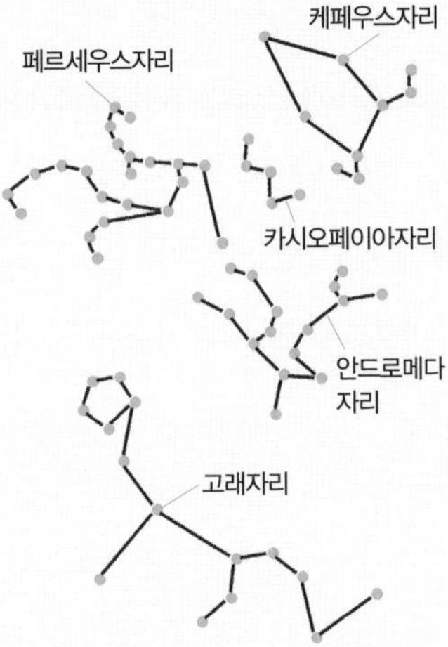

42 독사를 죽인 아기 헤라클레스

태어나자마자 초인적인 괴력을 발휘한 제우스의 아들

여신 헤라는 제우스의 외도 상대는 물론이고 그 여성이 낳은 아이까지 가만두지 않았다. 페르세우스의 손녀인 미케네*의 공주 알크메네가 제우스와의 사이에서 낳은 헤라클레스가 좋은 사례다.

알크메네는 사촌 암피트리온과 결혼한 상태였으나 그녀에게 한눈에 반한 제우스는 암피트리온이 원정을 떠났을 때를 노려 암피트리온으로 변신해 뜻을 이루었다. 이튿날 진짜 남편이 귀환하고 나서야 알크메네는 자신이 속았다는 사실을 깨달았다. 제우스 이외에는 이러한 일이 가능하지 않았으리라는 사실도 말이다.

제우스의 외도를 알게 된 헤라는 즉시 알크메네를 괴롭히기 시작했다. 출산의 여신 에일레이티이아에게 명령해 알크메네의 출산

* 펠로폰네소스반도 북동부에 위치한 미케네 문명을 이룩한 도시.

을 늦추고 그녀의 숙부 스테넬로스의 아이가 먼저 태어나도록 일을 꾸몄다. 그 결과 미케네의 왕위 계승권은 스테넬로스의 아들인 에우리스테우스에게 넘어갔다.

다음으로 헤라는 생후 8개월 된 헤라클레스에게 독사 2마리를 보냈는데 갓난아이인 헤라클레스는 맨손으로 뱀을 붙들더니 손쉽게 목을 졸라 죽여버렸다.

반쪽짜리라 해도 신은 신이었다. 헤라클레스는 암피트리온에게서 전차 모는 법을 배웠고 그 밖에도 각 분야의 달인으로부터 레슬링, 궁술, 검술을 배우며 듬직한 무인으로 성장했다.

18살 때는 포악한 사자를 쓰러뜨리고 가죽을 벗겨 옷으로 걸치고 다녔다. 이후 사자 입 부분으로 얼굴을 내놓은 모습이 그의 트레이드마크가 되었다.

아기 헤라클레스는 독사 2마리를 손쉽게 목 졸라 죽였다.

그리스 신화 토막 상식

강인한 힘을 나타내는 이름

훗날 헤라클레스의 이름은 강하거나 큰 것의 대명사가 되었다.
세계에서 제일 큰 장수풍뎅이에 헤라클레스왕장수풍뎅이라는 이름이 붙은 것도 이 때문이다.
그밖에 네덜란드의 프로 축구팀 헤라클레스 알메로나 과거 오사카증권거래소가 운영했던 주식시장 헤라클레스도 초인적인 영웅의 힘센 이미지를 빌리고자 붙인 이름이었다.

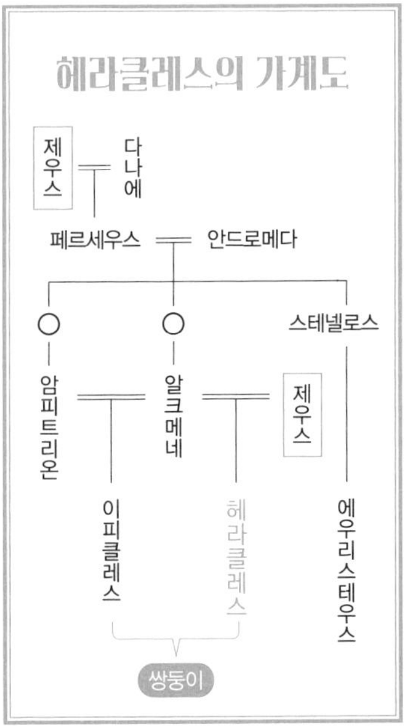

43

헤라클레스의 열두 가지 과업

쉽게 죽지 않는 반신반인의 영웅

헤라의 공격은 헤라클레스가 성인이 되자 다시 시작됐다. 헤라의 모략으로 광기에 사로잡힌 헤라클레스는 자기 손으로 아내, 아이들, 조카를 죽이고 말았다.

헤라의 저주를 푸는 방법을 알아내기 위해 델포이를 찾아갔더니 미케네의 왕 에우리스테우스를 받들면서 왕이 시키는 열두 가지 과업을 완수하라고 했다. 헤라클레스는 일반인이라면 단 하나도 해내기 힘든 과업에 도전하기로 마음먹었다.

그중에는 괴물 처치나 생포처럼 그가 자신 있어 하는 분야도 있었지만 거대한 외양간 청소처럼 특이한 임무도 있었다. 이러한 과업을 해결할 때는 머리를 쓰거나 아테나 여신의 도움을 받기도 하면서 하나씩 해결해 나갔다.

열두 가지 과업을 모두 완수한 헤라클레스는 칼리돈의 공주 데

머리가 9개 달린 독사 히드라 처치는 헤라클레스의 열두 가지 과업 중 두 번째 과업이었다.

이아네이라를 후처로 맞이하는데 그 이후에도 이런저런 시련을 겪게 된다.

헤라클레스가 겪은 마지막이자 가장 큰 고통은 네소스라는 악당의 독에 당한 일이었다. 데이아네이라를 납치하다가 헤라클레스의 화살을 맞은 네소스는 죽기 전에 자신의 피는 사랑의 묘약이라고 거짓말을 했다. 이 말을 철석같이 믿은 데이아네이라가 남편의 마음이 다른 여성* 을 향하지 않도록 헤라클레스의 속옷에 네소스의 피를 바른 것이다.

사실 네소스의 피는 특수한 맹독이라서 한 번 몸에 닿으면 절대 씻어낼 수 없었다. 속옷을 억지로 뜯어내려 하자 피부와 살까지 뜯

* 데이아네이라가 질투한 상대는 오이칼리아의 젊은 공주 이올레였다.

겨 나오려고 해서 고통은 더욱 커졌다. 참다못한 헤라클레스는 시종들에게 자신을 산 채로 화장하도록 명령했다.

그러나 간발의 차이로 올림포스의 신들이 개입하면서 헤라클레스는 신계의 일원이 되었다.

헤라클레스의 열두 가지 과업

① 네메아의 사자 처치

칼날조차 뚫지 못하는 가죽을 지닌 네메아의 사자와 3일간 싸운 끝에 목을 졸라 죽임.

② 레르네의 히드라 처치

독사의 머리 9개를 하나씩 곤봉으로 내리쳐 떼어낸 뒤 상처를 불로 지져서 죽임.

③ 케리네이아의 사슴 생포

황금 뿔과 청동 발굽을 가진 수사슴을 1년간 쫓아다닌 끝에 생포함.

④ 에리만토스의 멧돼지 생포

에리만토스산에 사는 사나운 거대 멧돼지를 설원으로 몰아넣어 생포함.

⑤ 아우게이아스의 외양간 청소

30년 동안 청소한 적 없는 소 3천 마리가 사는 외양간을 하루 만에 청소함.

⑥ 스팀팔로스의 새떼 처치

날개, 발톱, 부리가 청동으로 된 새 스팀팔로스 무리를 사살함.

⑦ 크레타의 난폭한 황소 생포

포세이돈이 미노스의 왕에게 내린 아름답고도 난폭한 황소와 싸워 생포함.

⑧ 디오메데스의 식인 말 생포

식인 말에게 여행자를 먹이로 주던 왕 디오메데스를 말에게 먹이고 말을 생포함.

⑨ 아마존 여왕의 허리띠를 탈취

아마존의 여왕 히폴리테를 죽이고 여왕의 허리띠를 빼앗음.

⑩ 게리온의 붉은 소 생포

괴물 왕 게리온을 죽이고 붉은 소들을 생포함.

⑪ 황금 사과 따오기

아틀라스를 속이고 황금 사과가 열리는 나무를 찾아서 사과를 손에 넣음(여러 설이 있음).

⑫ 케르베로스 생포

머리가 3개 달린 명계의 문지기 케르베로스를 맨손으로 생포함.

44

미궁에 사는 괴물 미노타우로스

괴물을 쓰러뜨리고 아테네를 구하지만 비극을 맞이한 테세우스

영웅 테세우스는 아테네의 왕 아이게우스와 트로이젠의 공주 아이트라 사이에서 태어났다. 하지만 정식 혼인 관계는 아니었기 때문에 누가 그의 아버지인지는 오랫동안 비밀에 부쳐졌다. 부자가 서로를 대면하고 인지하게 된 것은 테세우스가 16살이 된 이후의 일이었다.

감동적인 대면도 잠시, 테세우스는 크레타섬으로 위험한 여행을 떠난다. 당시 크레타의 속국 아테네는 매년 젊은 남녀 7명씩을 크레타의 왕 미노스에게 바쳐야 했다. 미노타우로스•라는 소의 머리에 인간의 몸을 한 괴물에게 제물로 보내기 위해서다. 이야기를 들은 테세우스는 괴물을 처리해주겠다며 자진해서 제물이 되었다.

• 미노스 왕의 아내 파시파에가 황소와 몸을 섞어 낳은 자식이다.

그러는 중에 미노스의 딸 아리아드네가 테세우스에게 한눈에 반했다. 그녀는 테세우스에게 실타래 하나를 건네주었다. 미노타우로스가 사는 라비린토스라는 궁전 내부는 통로가 복잡해서 한 번 들어가면 두 번 다시는 나올 수 없다고들 하는 곳이었다. 테세우스는 아리아드네의 조언을 따라 실타래를 조금씩 풀면서 안으로 들어갔다. 미노타우로스를 쓰러뜨린 후에는 실타래를 되감으며 왔던 길을 되돌아가기만 하면 되었다.

미노타우로스는 무시무시한 괴물이었지만 다양한 모험을 겪은 테세우스는 조금도 겁먹지 않고 격투 끝에 괴물을 쓰러뜨렸다. 미노스왕의 추격을 따돌리고 귀국을 서두르던 테세우스는 아버지와의 중요한 약속을 잊고 있었다. 살아 돌아온다면 돛을 검은색에서 흰색으로 바꿔 달겠다고 했던 약속을 말이다.

그 결과, 멀리에서 검은 돛을 단 배가 들어오는 것을 본 아버지 아이게우스는 테세우스가 죽었다고 착각해 바다•에 몸을 던지고 말았다.

• 지금의 에게해. 에게의 어원은 아이게우스다.

머리는 소, 몸은 인간인 괴물 미노타우로스를 무찌르는 테세우스.

그리스 신화 토막 상식

미궁과 어려움은 한 세트

통로가 너무 복잡해서 출구를 찾기 힘든 장소나 미로를 영어로 래버린스라고 한다. 이 신화에 등장하는 라비린토스에서 유래한 단어다.
래버린스는 단서가 없어서 해결될 기미가 보이지 않는 범죄 사건이나 범인을 찾지 못한 채로 수사가 종결된 사건을 가리키는 말로도 사용되며 '미궁에 빠지다', '미궁으로 끝나다' 등으로 표현된다.

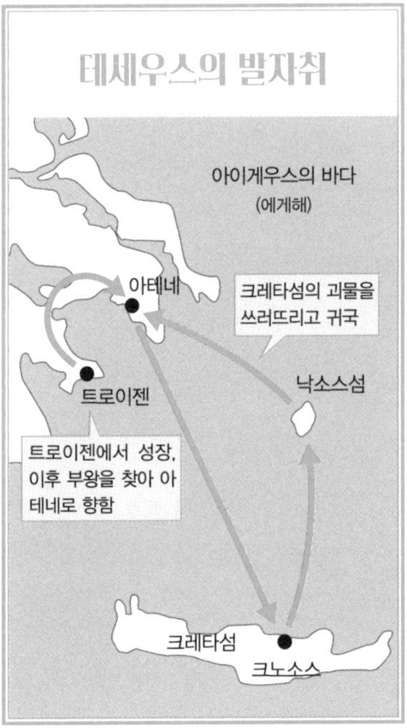

45

대가가 너무나도 컸던 파이드라의 부정

아프로디테를 업신여긴 죄로 시작된 비극의 사슬

아이게우스가 사망하면서 아테네의 왕위는 자연스럽게 테세우스가 계승했다.

그러나 왕이 된 이후로는 이전까지의 찬란한 인생과는 대조적으로 테세우스는 계속되는 불운에 시달렸다. 전처 히폴리테•가 낳은 맏아들 히폴리토스의 성격 때문이었다. 결벽이 심한 청년으로 성장한 히폴리토스가 처녀신 아르테미스를 숭배하는 한편 성애의 여신 아프로디테를 지나치게 업신여긴 탓에 아프로디테의 원한을 사고 만 것이다.

아프로디테는 테세우스의 후처 파이드라••에게 미쳐버릴 정도

• 여전사 아마존족의 여왕.

•• 아리아드네의 여동생.

의 욕정을 불어넣었다. 바로 의붓아들 히폴리토스에 대한 마음이었다.

근친상간은 용인될 수 없었기에 파이드라는 몹시 괴로워했다. 보다 못한 파이드라의 유모가 나섰다. 유모는 테세우스가 자리를 비운 틈을 타 히폴리토스에게 가서 비밀을 지키겠다는 맹세를 받아낸 뒤 파이드라의 마음을 전했다. 하지만 그의 성격상 새어머니의 마음을 받아들일 리 없었다. 히폴리토스는 도리어 혹독한 말로 유모를 질책했다.

질책의 화살은 파이드라에게도 돌아갔다. 히폴리토스의 감정이 격앙되면서 목소리가 커지는 바람에 그 소리가 멀리 있던 파이드라의 귀에도 들어가게 되었다. 이보다 나쁠 수도 없는 최악의 상황에 직면하자 파이드라는 절망한 나머지 자살해버리고 말았다.

그러나 파이드라의 유서에는 부정한 마음을 품은 히폴리토스에게 능욕당했다는 거짓이 쓰여 있었다. 이 때문에 비극이 꼬리에 꼬리를 물고 이어지게 된다.

비밀을 지키겠다고 맹세한 이상 히폴리토스는 사실을 말할 수 없었다. 따라서 격분한 테세우스가 추방을 선고할 때도 가만히 따라야만 했다.

의붓아들을 사랑하게 된 파이드라. 성애의 여신 아프로디테의 계략 때문이었다.

그리스 신화 토막 상식

테세우스의 배

2020년 1월에 방영을 시작하며 일본에서 화제를 불러 모은 TV 드라마 〈테세우스의 배〉(TBS)는 테세우스의 이야기에 뿌리를 둔 관용구를 제목으로 삼았다. '테세우스의 배'는 테세우스가 미노타우로스를 무찌르러 오갈 때 사용한 배를 말하는데 아테네에서는 이 배를 영구 보존하기로 했다. 하지만 목조선을 보존하려면 부품을 계속 교환해주어야 하는데 원래 부품이 단 하나도 남지 않게 되었을 때도 과연 이것을 테세우스의 배라고 부를 수 있는가 하는 딜레마가 발생하게 되었다.

고대 그리스인들이 직면한 이 딜레마는 '테세우스의 배'라는 관용구가 되었고 현대인에게도 중요한 시사점을 주고 있다.

46

스핑크스의 수수께끼

버려진 왕자 오이디푸스는 지혜로운 사람으로 성장했다

테베의 왕 라이오스는 자식 손에 죽게 된다는 신탁을 받았다. 이 때문에 왕비 이오카스테가 남자아이를 출산하자 하인을 시켜 아티카와의 국경 근처 산에 버리게 했다.

하인을 통해 아기를 유기하도록 명령받은 양치기는 딱한 마음이 들어서, 아이가 없어 고민하던 코린토스 국왕 내외에게 아기를 건네주었다. 코린토스 국왕 내외는 아기의 발뒤꿈치에 핀이 꽂혀 있는 것을 보고 오이디푸스•라는 이름을 지어주고 친자식처럼 소중히 길렀다.

코린토스의 왕자로 성장한 오이디푸스는 머지않아 자신이 국왕의 친자식이 아니라는 풍문을 듣게 된다. 국왕 내외는 이를 부인했

• '퉁퉁 부은 발'을 의미하는 말.

지만 불안해진 오이디푸스는 델포이로 가서 신탁을 구했다. 그러자 아버지를 죽이고 어머니를 아내로 맞이할 것이라는 꺼림칙한 신탁이 내려졌다. 오이디푸스는 예언이 이루어지지 않게 하려고 코린토스로 귀국하는 대신 방랑길에 올랐다.

오이디푸스가 테베에 다다랐을 때 그곳은 황폐해질 대로 황폐해져 있었다. 원인은 왕의 부재와 교외 언덕에 출몰하는 괴물 스핑크스였다. 얼굴은 인간 여성이지만 몸통과 다리, 꼬리는 사자였으며 등에는 커다란 날개가 돋친 이 괴물은 행인에게 수수께끼를 내고 이를 풀지 못하면 잡아먹었다.

수수께끼는 다음과 같았다.

"목소리는 같으나 아침에는 네 발, 낮에는 두 발, 밤에는 세 발로 걷는 것은 무엇인가?"

그 누구도 수수께끼를 풀지 못했으나 오이디푸스는 스핑크스가 출몰하는 언덕으로 찾아가 자신만만하게 '인간'이라고 답했다.

패배를 수치스럽게 여긴 스핑크스는 골짜기에 몸을 던져 자살했다. 이후 테베는 다시 번영을 누리게 되었다.

스핑크스의 수수께끼를 멋지게 풀어내는 오이디푸스.

스핑크스가 낸 수수께끼의 답

인간의 일생

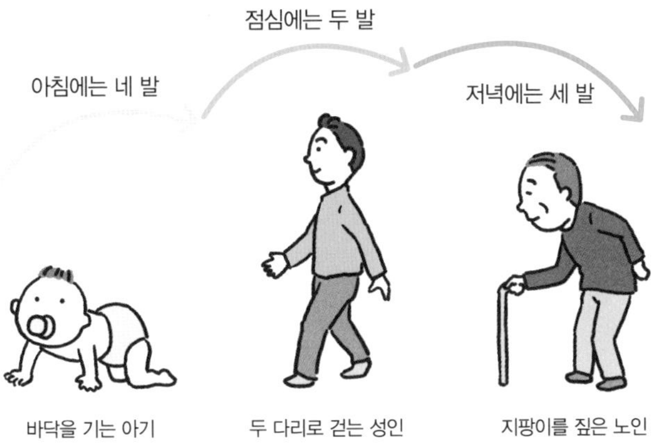

47 오이디푸스의 벗어날 수 없는 운명

부친 살해와 근친상간이라는 큰 죄

오이디푸스가 테베에 도착했을 때 왕 라이오스는 이미 이 세상 사람이 아니었고 왕비 이오카스테의 오빠 크레온이 섭정을 맡고 있었다.

라이오스가 누군가에 의해 살해되고 난 이후로 왕좌는 쭉 공석이었기에 크레온은 스핑크스의 수수께끼를 푸는 자에게는 왕위와 왕비를 주겠다고 발표했다. 이에 오이디푸스가 출사표를 던진 것이었다.

스핑크스의 수수께끼를 푸는 데 성공한 오이디푸스는 약속대로 왕위를 넘겨받고 이오카스테와 결혼해 아이까지 낳았다.

머지않아 테베가 기근과 역병에 시달리게 되어 델포이를 찾아가자 라이오스를 살해한 범인을 추방하면 해결된다는 신탁이 나왔다. 오이디푸스는 범인 색출에 열을 올렸다.

그런데 라이오스가 살해되던 당시의 상황을 조사하던 중에 오이디푸스의 표정이 점차 굳어가기 시작했다. 삼거리에서 누가 먼저 길을 양보할지를 두고 말다툼을 하다가 라이오스가 살해당한 것이라는 이야기를 듣고 짚이는 데가 있었기 때문이다. 시기적으로도 맞아떨어졌기 때문에 지우려 해도 불길한 신탁을 떠올리지 않을 수 없었다.

범인을 목격한 사람은 라이오스가 살해당할 때 함께 있던 하인밖에 없었다. 라이오스로부터 아기를 버리라고 명령받은 하인과 동일 인물인 그의 증언을 통해 오이디푸스의 출생부터 라이오스 살해에 이르는 모든 진실이 밝혀졌다.

이오카스테는 충격이 큰 나머지 목을 매어 자살했고 오이디푸스도 진상을 알아채지 못한 자신의 눈을 핀으로 찔렀다. 추방 처분을 달게 받고 그 후로는 아테네의 왕 테세우스의 비호하에 딸 안티고네•와 둘이서 조용히 여생을 보냈다.

• 오이디푸스와 이오카스테의 딸.

상대가 신분을 밝히지 않았기 때문에 오이디푸스는 친부인지도 모르고 라이오스를 죽였다.

그리스 신화 토막 상식

부모와 자식 간의 어려운 관계를 설명하는 학자

정신분석학의 창시자인 프로이트는 오이디푸스의 근친상간 이야기에서 힌트를 얻어 '오이디푸스 콤플렉스'라는 개념을 제시했다. 아들은 어머니를 사모하는 한편 아버지를 미워하고 적대시하는 경향에서 벗어날 수 없다는 것이다.
이와 유사하게 딸이 어머니를 적대시하는 경향을 가리키는 말은 '엘렉트라 콤플렉스'다. 엘렉트라는 미케네의 왕 아가멤논의 딸이다.

오이디푸스의 비극적인 생애

- 테베의 왕에게서 버려져 코린토스에서 왕자로 자람.

⬇

- 아버지를 죽이고 어머니를 아내로 맞이한다는 신탁을 듣고 코린토스를 떠남.

⬇

- 삼거리에서 마주친 친부를 살해함.

⬇

- 스핑크스를 무찌르고 테베의 왕이 되어 친어머니를 아내로 맞이하고 아이를 가짐.

⬇

- 모든 사실을 알고 스스로 두 눈을 찌름.

⬇

- 테베에서 추방당함.

48

파리스의 심판이 만들어낸 대전쟁

가장 아름다운 여신을 가리는 다툼에서 시작된 대전쟁

인간의 수가 너무 많아져서 제우스가 질서의 여신 테미스 등을 불러 대책을 협의하던 중에 일어난 일이다.

줄곧 바다의 여신 테티스에게 호감을 품고 있던 제우스는 프로메테우스의 조언•에 따라 마음을 접기로 했다. 테티스는 인간 펠레우스와 맺어졌고 둘의 결혼을 축하하는 성대한 연회가 열렸다. 이때 불화의 여신 에리스만이 초대받지 못했다.

화가 난 에리스는 연회장에 사과 하나를 던져 넣었다. 사과에는 '가장 아름다운 여신에게'라고 쓰여 있었다. 여신들은 너도나도 그건 바로 자기라고 주장했다. 그중에서도 제우스의 아내 헤라, 전쟁

• '테티스가 낳는 아들은 아버지를 능가하는 존재가 될 것'이라는 예언을 제우스에게 알려주었다.

의 여신 아테나, 미의 여신 아프로디테는 마지막까지 물러서지 않았다.

신들 중 한 명이 판정을 내리면 선택받지 못한 다른 두 신과의 관계가 껄끄러워진다는 이유에서 아무런 관계가 없는 제삼자에게 판정을 맡기기로 했다. 그렇게 해서 뽑힌 사람이 트로이의 왕자 파리스였다.

여신들은 저마다 파리스에게 대가를 제시했다. 헤라는 세계의 지배권을, 아테나는 모든 전쟁에서의 승리를, 아프로디테는 인간계에서 제일가는 미녀를 조건으로 내걸었고 파리스는 아프로디테를 선택했다.

미혼 여성만이 대상이라면 아무런 문제도 없었겠지만 미혼이냐 기혼이냐는 따지지 않았다. 인간계 최고의 미녀는 스파르타의 왕비 헬레네였다. 파리스는 아프로디테의 도움을 받아 헬레네를 트로이로 데려갔다.

스파르타의 왕 메넬라오스가 이를 순순히 받아들일 리 없었다. 메넬라오스의 형이자 미케네의 왕 아가멤논을 총사령관으로 하는 그리스 연합군이 결성되었고 헬레네를 되찾기 위한 트로이 원정이 막을 올렸다.

파리스는 가장 아름다운 여신으로 아프로디테를 선택했다.

그리스 신화 토막 상식

뜻밖의 결과를 나타내는 비유 표현

트로이 전쟁의 도화선이 되었다는 점에서 '파리스의 심판'은 예상치 못한 판정 결과나 중대한 판단 착오를 의미하는 비유적인 표현으로 사용된다.
현대 와인 업계에서도 파리스의 심판이 벌어진 적이 있다. 사건은 1976년 파리에서 열린 시음회에서 일어났다. 그때까지만 해도 고급 와인은 프랑스에서만 만들 수 있다고들 했는데 무명의 캘리포니아 와인이 레드, 화이트 모두 프랑스의 일류 와이너리를 제치고 승리하는 이변이 일어난 것이다.
예상을 뒤엎은 이 판정은 시음회가 열린 장소인 파리(PARIS)와 그리스 신화의 파리스가 발음이 유사하다는 이유에서 '파리의 심판'이라 불린다.

49 슬픔에 잠긴 프리아모스

복수의 화신이 된 아킬레우스가 적장 헥토르를 치다

그리스 연합군은 총 10만여 명 규모의 병력을 꾸렸다. 이타케섬의 왕 오디세우스는 지략으로, 테티스의 아들 아킬레우스는 무력으로 기대를 모았다.

신들은 트로이 동쪽에 우뚝 솟은 이디산에 자리 잡고 앉아 전쟁을 구경했다. 거의 모든 신이 저마다 한쪽 진영 편을 들었기 때문에 전쟁은 장기전이 되었다. 전쟁이 시작된 지 10년이 지나도록 승패가 나지 않았다.

전쟁도 지긋지긋하다는 분위기가 퍼져나가는 가운데 그리스 연합군 내부에 문제가 생겼다. 총사령관이던 아가멤논과 사이가 틀어진 아킬레우스가 불참을 선언한 것이다.

그리스 연합군이 밀리기 시작하자 아킬레우스의 친구 파트로클로스가 아킬레우스 진영을 찾아왔다. 아킬레우스는 친구가 말하는 대로 자신의 무구를 빌려주었고 트로이군은 파트로클로스를 아킬레우스로 착각해 일단은 물러났다.

그러나 아킬레우스가 아닌 것이 밝혀지자 반격에 나섰고 트로이군의 총사령관을 맡은 첫째 왕자 헥토르•가 파트로클로스를 쓰러뜨렸다. 소식을 들은 아킬레우스는 아가멤논을 향한 원망조차 잊은 채 전장에 복귀했다. 아킬레우스는 헥토르를 죽어라 쫓아가 파트로클로스의 원수를 갚은 뒤 헥토르의 시체를 전차 뒤에 매달고 본인의 진영까지 질질 끌며 돌아갔다.

헥토르의 시체를 여러 날 방치하던 어느 밤, 아킬레우스 진영에 트로이의 왕 프리아모스가 몰래 찾아왔다. 그는 막대한 몸값을 내놓고 아킬레우스 앞에 꿇어앉아 손에 입을 맞추며 아들의 시신을 돌려 달라고 애원했다. 그 모습에 아킬레우스도 연민을 느끼지 않을 수 없었기에 헥토르의 시신을 돌려주고 장례 기간에는 휴전하겠다고도 약속했다.

• 아폴론은 헥토르를 총애했다.

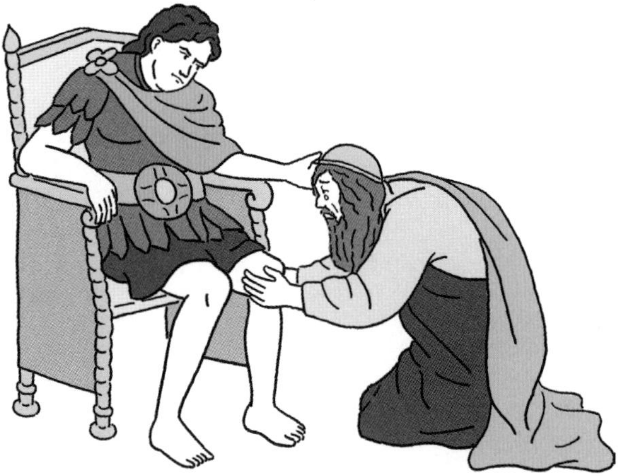

프리아모스는 아킬레우스 앞에 무릎 꿇고 아들의 시신을 돌려 달라고 간청했다.

트로이 전쟁을 대하는 신들의 자세

(『일리아스』에 기반한 내용)

그리스 연합군 지지	vs	트로이군 지지
● 헤라 파리스에게 선택받지 못한 것이 분해서		● 아프로디테 파리스에게 선택받았기 때문에
● 아테나 파리스에게 선택받지 못한 것이 분해서		● 아레스 아프로디테를 따라서
● 포세이돈 트로이의 선왕 라오메돈이 약속을 지키지 않았기 때문에		● 아폴론 카산드라에게 흑심이 있어서
● 헤파이스토스 아레스가 싫어서		● 아르테미스 아폴론을 따라서
● 테티스 아들 아킬레우스를 위해서		제우스 중립을 고수

50 아킬레우스의 마지막 순간

불사신은 아니었던 영웅의 유일한 약점, 뒤꿈치

여신 테티스는 아킬레우스를 낳자마자 아들을 불사신으로 만들기 위해 명계로 가서 스틱스강에 담갔다. 하지만 이때 발뒤꿈치를 쥐고 있었기 때문에 강물에 제대로 적시지 못한 그곳이 아킬레우스의 유일한 약점으로 남게 되었다.

아킬레우스는 어느 정도 성장하고 나서는 켄타우로스족의 현자 케이론•에게 맡겨져 문무를 겸비하도록 철저히 교육받았다. 아킬레우스 본인은 영웅으로 이름을 떨치기를 꿈꿨으며 실제로도 그리스에서 가장 강한 전사로 훌륭히 성장했다.

테티스는 아들이 전쟁터로 출정하면 죽게 된다는 예언 때문에 속앓이를 했다. 그래서 테티스는 트로이 원정을 소문으로 듣게 되

• 성품이 온화하며 아폴론과 아르테미스로부터 교육받았다.

자 아킬레우스에게 여장을 시켜 스키로스섬에 숨게 했다.

설마 여성들만 있는 곳까지 수색하지는 않으리라 생각했던 것이지만 현실은 절대 만만하지 않았다. 숨어 있는 장소는 금방 들통났고 상인으로 변장해 잠입한 오디세우스는 누가 아킬레우스인지를 대번에 알아냈다. 각종 상품을 늘어놓자 다른 여성들이 모두 장신구를 살펴보는 가운데 아킬레우스만 무기에 관심을 보였으니 속이려야 속일 수 없었던 것이다.

어머니의 생각과는 달리 아킬레우스 본인은 전쟁터에서 싸우고자 했으므로 참전은 일사천리로 진행되었고 아킬레우스는 최전선에서 기대했던 대로 큰 활약을 펼쳤다.

트로이군은 헥토르의 죽음으로 의기소침해 있었으나 원군이 잇따라 합세하며 기세를 역전시켰다. 게다가 트로이의 왕자 파리스가 첫 번째 화살로 아킬레우스의 뒤꿈치를, 두 번째 화살로 가슴팍을 쏘는 데 성공했다. 반신반인인 최강의 전사도 유일한 약점을 공격당하자 결국 목숨을 잃고 말았다.

파리스가 아킬레우스의 뒤꿈치에 화살을 꽂아 넣자 아킬레우스의 숨이 끊어지고 말았다.

그리스 신화 토막 상식

극복하기 어려운 약점

아킬레우스의 유일한 약점은 뒤꿈치로, 이 일화 때문에 뒤꿈치 바로 위의 힘줄이 아킬레스건이라고 불리게 되었다. 사람의 몸에는 아무리 노력해도 단련할 수 없는 곳이 몇 군데 있는데 아킬레스건이 대표적이다.

또 아킬레스건은 '아킬레스건을 들추다'처럼 가장 큰 약점이라는 의미의 관용구로도 사용된다.

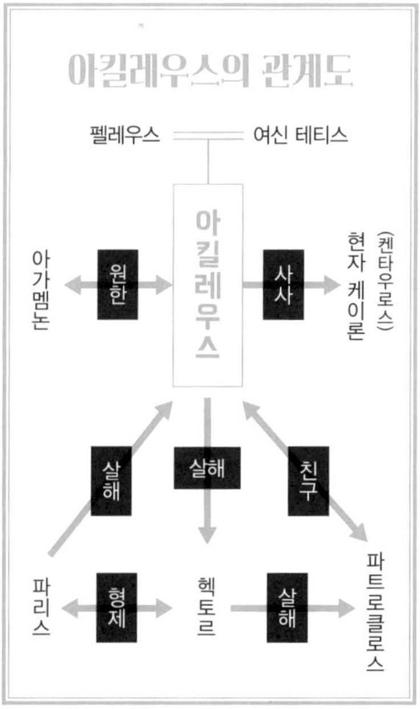

51 트로이의 운명을 바꿔버린 목마

난공불락의 성을 앞에 두고 오디세우스가 실력을 발휘하다

트로이군은 헥토르를, 그리스 연합군은 아킬레우스를 잃었다. 수많은 영웅이 죽었다.

전체적으로는 그리스 연합군이 우세했으나 단순한 공격만으로 트로이를 함락시킬 만한 힘은 없었기에 전선은 교착 상태에 빠졌다. 전쟁이 더 길어지면 오히려 그리스 연합군에게 불리할 뿐이었다. 그래서 오디세우스는 단번에 그리스 연합군의 승리를 불러올 만한 묘안을 생각해냈다.

50명의 복병이 숨을 수 있는 거대한 목마를 만들어 '고국으로의 귀환에 감사하며 아테나 여신께 바친다'라는 편지와 함께 버려둔 뒤 전군을 바다 멀리 철수시키는 작전이었다.

사실 뻔하디 뻔한 함정이다. 하지만 이미 신들 사이에서 종전 합의가 이루어진 후였기 때문에 트로이의 공주이자 예언자기도 한

카산드라[•]가 복병의 존재를 간파했음에도 불구하고 그녀의 의견에는 아무도 귀기울이지 않았다. 아폴론 신전의 신관 라오콘도 함정이라고 말을 보탰으나 별안간 바다에서 나타난 거대한 뱀 2마리에 의해 목이 졸려 죽고 말았다.

트로이의 장병들은 목마를 전리품 삼아 성으로 들였고 그날 밤 승리를 축하하는 성대한 연회를 열었다. 당연히 경계가 소홀해졌다. 목마에서 나온 복병의 신호에 맞춰 연합군이 바다에서 다시 돌아와 상륙하는데도 전혀 알아차리지 못했다.

트로이 사람들이 사태를 깨달았을 때는 이미 돌이킬 수 없는 상황이었다. 그리스 연합군은 트로이 성 안으로 들이닥쳤다. 이렇게 해서 10년 이상에 걸친 트로이 전쟁은 싱겁게 막을 내렸고 헬레네는 스파르타 왕의 곁으로 돌아갔다.

트로이 측에서 살아남아 탈출한 사람은 아프로디테의 아들로 알려진 아이네이아스와 그의 가족들밖에 없었다. 이탈리아반도에 당도한 그들의 자손 중에서 로마인의 시조 로물루스가 태어났다.

• 아폴론과 연인 관계였다.

트로이인들은 그리스 연합군이 숨어 있는 줄은 꿈에도 모른 채 거대 목마를 성으로 들였다.

그리스 신화 토막 상식

몰래 침입하는 무서운 존재

목마 자체는 아무런 위협이 될 수 없다. 트로이를 함락시킨 것은 그 안에 숨어 있던 복병이었다.
프로그래밍 업계에서는 무해한 프로그램이나 데이터로 위장해 잠입했다가 어느 순간 보안을 위협하는 소프트웨어를 가리켜 '트로이의 목마'라고 부른다.

트로이의 가계도

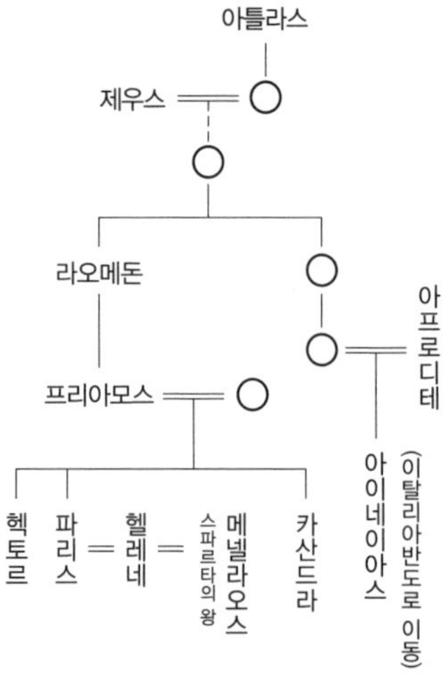

52 키클롭스의 동굴

잡아먹힐 위기에 처한 오디세우스가 꾸민 계략

트로이와의 전쟁에서 승리한 오디세우스는 의기양양하게 귀로에 올랐다. 도중에 어떤 섬에 내려 12명의 부하와 함께 와인을 들고 정찰에 나섰다가 커다란 동굴을 발견했다. 유제품이 잔뜩 쌓여 있었기에 오이디우스 일행은 치즈를 먹으며 동굴 주인이 돌아오기를 기다렸다.

그러나 저녁 무렵 돌아온 동굴 주인을 보고 깜짝 놀라지 않을 수 없었다. 인간이 아니라 폴리페모스라는 거인(키클롭스)이었기 때문이다.

폴리페모스는 오디세우스 일행 중 두 사람을 잡아먹더니 곧장 곯아떨어졌다. 오디세우스는 폴리페모스를 죽일까도 생각해 봤지만 폴리페모스가 아니면 동굴 입구를 가로막은 큰 바위를 치울 수 없을 것 같아서 일단은 보류했다.

이튿날 아침에 두 사람, 저녁 무렵에 또 두 사람이 잡아먹히고 난 뒤 오디세우스는 작전을 개시했다. 폴리페모스에게 와인을 대접하고 자신의 이름은 우티스•라고 거짓말을 했다. 술에 취한 폴리페모스는 전날 밤보다 더 빨리 잠들어버렸다.

오디세우스는 남은 4명의 부하와 함께 커다란 올리브나무를 폴리페모스의 눈에 쑤셔 넣고 있는 힘껏 후벼팠다.

잠에서 깬 폴리페모스는 울부짖었다. 다른 동굴에 사는 키클롭스들이 무슨 일인가 하고 모여들었는데 우티스가 한 짓이라는 소리에 잠꼬대인 줄 알고 그냥 돌아갔다.

이튿날 아침 폴리페모스는 가축을 바깥에 방목하면서 일일이 등을 만져 확인함으로써 침입자들의 탈출을 저지하려고 했다. 하지만 오디세우스 일행은 가축의 배 아래에 매달리는 방법으로 들키지 않고 탈출에 성공했다. 그렇게 살아서 키클롭스가 사는 섬을 벗어날 수 있었다.

• '아무도 아니다', '아무도 ~하지 않다'라는 의미.

오디세우스는 폴리페모스를 취하게 만든 뒤 눈을 찔러 공격했다.

트로이 전쟁에서 오디세우스가 세운 공적

① 그리스 연합군의 결성에 관여

트로이 전쟁의 계기가 된 헬레네가 아직 미혼이었을 때 엄청난 수의 구혼자가 그녀를 찾아왔다. 오디세우스는 구혼자들에게서 헬레네와 결혼할 자가 누구든 간에 그가 곤경에 처하면 모두가 힘을 합쳐 돕겠다는 약속을 받아냈다. 헬레네가 트로이로 끌려가자 남편이자 스파르타 왕인 메넬라오스는 약속을 지키도록 요청했고 연합군이 결성되었다.

② 아킬레우스의 참전

아킬레우스의 여장을 간파하고 트로이 전쟁에 참전시켰다.

③ 목마 작전을 수립

트로이 전쟁을 승리로 이끈 작전을 수립했다.

53

마녀 키르케의 무시무시한 요리

오디세우스가 보낸 정찰대는 잇따라 돼지로 변했다

오디세우스는 키클롭스의 섬에서 무사히 탈출했지만 폴리페모스가 포세이돈의 아들이었기 때문에 포세이돈의 저주를 받아 무사 귀환하기까지 10년이나 방랑하는 처지가 되었다.

트로이를 출발할 때는 배가 12척이나 되었지만 이런저런 모험 끝에 아이아이에섬에 도착했을 때는 오디세우스가 타고 있던 1척만 남아 있었다.

오디세우스는 살아남은 부하 40여 명을 두 팀으로 나누었고, 제비를 뽑아 에우릴로코스를 대장으로 하는 23명을 정찰대로 파견했다.

그러나 정찰대 중 돌아온 사람은 에우릴로코스 단 한 명뿐이었다. 게다가 반응이 심상치 않았다. 이유를 다그쳐 묻자 에우릴로코스는 놀랄 만한 내용을 보고했다.

숲속에 늑대와 사자가 지키는 궁전이 있는데 그곳의 주인이 베푼 음식을 먹은 이들이 모두 돼지로 변해버려 우리에 갇히고 말았다는 것이다.

다행히도 에우릴로코스는 아무것도 먹지 않았기에 가까스로 도망칠 수 있었다. 이야기를 들은 오디세우스는 홀로 정찰대를 구하러 나섰다.

도중에 만난 헤르메스가 궁전 주인이 마법을 부리는 여신 키르케• 라는 사실을 알려주었다. 헤르메스는 마법을 무력화하는 몰리라는 약초를 뽑아서 오디세우스에게 건넸다.

덕분에 오디세우스는 마법에 걸리는 일 없이 키르케와 담판을 지을 수 있었고 부하들을 원래 모습으로 되돌리는 데도 성공했다. 키르케는 헤르메스에게서 운명의 남성이 나타날 것이라는 예언을 들었는데 오디세우스가 바로 그 사람이었다.

• 태양신 헬리오스의 딸이자 크레타의 왕비 파시파에의 자매.

마녀 키르케는 오이디우스의 부하들을 돼지로 만들었다.

그리스 신화 토막 상식

변신 이야기의 원조

동화에도 종종 등장하는 '인간이 마법에 걸려 동물로 변해버리는 모티프'는 그리스 신화 속 마녀 키르케의 영향을 받은 것이다.

미야자키 하야오 감독의 작품 『센과 치히로의 행방불명』, 『하울의 움직이는 성』 등에 등장하는 마녀 캐릭터도 뿌리를 거슬러 올라가면 그 시작은 바로 키르케였을 것이다.

키르케의 가계도

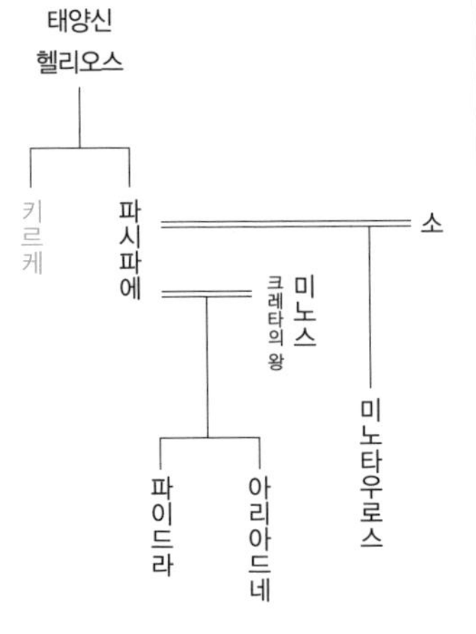

54 뱃사람을 홀리는 세이렌

죽음의 노랫소리에서 무사히 벗어난 오디세우스

오디세우스는 키르케와 함께 1년 동안 아무런 부족함이 없는 생활을 보냈다. 그러다 예언 하나를 듣기 위해 명계에 다녀오고 난 다음 오디세우스는 다시 항해에 나섰다.

이타케섬으로 향하는 항로에서 가장 먼저 만난 고난은 세이렌의 섬이었다. 이 해역에는 인간 여성의 얼굴을 한 새인 세이렌이라는 괴물이 여럿 서식하고 있었는데, 세이렌의 아름다운 노랫소리에 홀려서 섬에 상륙하는 자는 죽을 때까지 그 노래를 들어야만 했다고 한다.

오디세우스는 키르케가 미리 귀띔해준 대로 대처했다. 부하들은 밀랍으로 귀를 막게 하고 자신은 노랫소리를 듣기 위해 돛대에 몸을 묶었다.

정말로 노랫소리가 들리기 시작하자 오디세우스는 참지 못하고 필사적으로 밧줄을 풀어 달라고 외쳤다. 미리 잘 일러두었기에 부하들은 그의 명령을 따르지 않았고 덕분에 일행은 단 한 명도 희생되는 일 없이 세이렌이 서식하는 해역을 통과할 수 있었다.

애당초 트로이 전쟁의 배후에는 너무 많아진 인구를 줄이겠다는 신들의 의도가 있었기 때문에 그리스 연합군의 장병들은 모두 귀국 도중 혹은 귀국 직후에 목숨을 잃을 운명이었다. 오디세우스 일행도 여러 곤경을 겪으며 그 숫자가 점점 줄었고 결국에는 제우스의 벼락에 맞은 배가 부서지면서 살아남은 일행 모두가 바다에 빠지고 말았다.

다른 사람들의 생사는 알 길이 없었으나 오디세우스는 칼립소의 섬•과 파이아케스족의 나라를 거쳐 이타케섬으로 살아 돌아가는 데 성공했다.

이타케섬에서는 왕비 페넬로페이아가 몰려든 구혼자들 때문에 곤경에 처해 있었다. 오디세우스는 그들을 모두 처단하고 출정한 지 20여 년 만에 겨우 원래 생활을 되찾았다.

• 정확히는 오기기아섬이다. 오디세우스는 이 섬에서 7년간 칼립소라는 님프와 함께 살았다.

오디세우스는 세이렌의 노래를 듣기 위해 부하들을 시켜 돛대에 몸을 묶었다.

오디세우스의 표류 기록

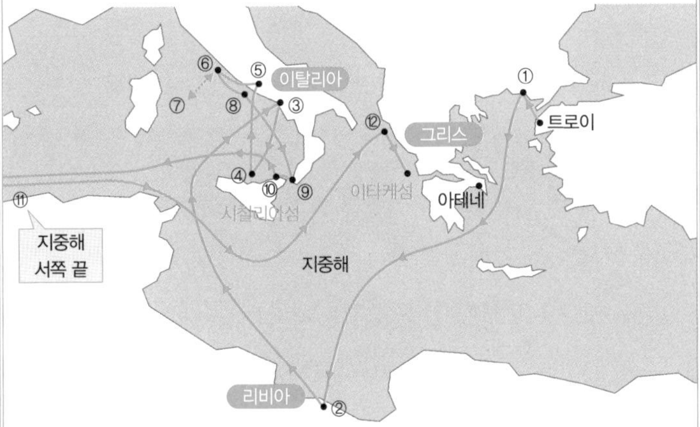

① 키코네스족의 나라	⑤ 라이스트리곤의 나라	⑨ 메시나 해협
② 로토파고스족의 나라	⑥ 키르케의 섬(아이아이에섬)	⑩ 헬리오스의 섬
③ 키클롭스의 나라	⑦ 명계	⑪ 칼립소의 섬
④ 아이올로스의 나라	⑧ 세이렌의 섬	⑫ 파이아케스족의 나라

트로이의 고고 유적

고대 그리스인의 활동이 광범위했던 만큼 그리스 신화의 성지는 그리스 국외에서도 만나볼 수 있다.

그리스 국외의 최대 성지는 튀르키예 공화국의 트로이 고고 유적이다. 10년 이상에 걸친 큰 전쟁의 무대였으나 기독교 시대로 접어들자 신화 속 이야기로 치부되었고 트로이가 정말로 존재했는지를 의심하는 의견이 대두하면서 설령 실재했다 하더라도 발견은 불가능할 것이라고 여겨져 왔다.

결국 트로이 유적지 발견이라는 쾌거는 전문 고고학자가 아니라 꿈을 원동력 삼았던 독일의 실업가 하인리히 슐리만이 이룩했다. 1871년의 일이다.

지금까지 발굴 조사를 통해 트로이 고고 유적은 세분화하면 46개 층, 크게 나누면 9개 층으로 되어 있고 오래된 층은 기원전

3000년경, 현재에 가까운 층은 기원후 400년경의 것이라고 밝혀졌다.

지금은 관광지화되어 있는데 입구를 통과하면 복제된 거대한 목마가 가장 먼저 맞이해준다. 옛 정문이었던 스카이아문(남문) 터를 비롯해 망루, 메가론식 주거 터, 성역, 소극장, 아테나 신전, 동쪽 탑, 동쪽 성벽 등이 흩어져 있다.

신화에 따르면 아킬레우스가 헥토르를 쓰러뜨린 장소는 남문 밖 즉, 남측이라는 이야기가 된다.

트로이 유적의 동쪽 탑과 성벽 터.

색인

책 속에 등장하는 주요 캐릭터

※ 숫자는 항목 번호

참고 문헌

- 『그림으로 읽는 잡학 그리스 신화図解雑学 ギリシア神話』, 도요타 가즈지 감수, 나쓰메샤
- 『만화 처음 읽는 그리스 신화マンガ はじめて読むギリシア神話』, 도요타 가즈지, 미야기 도쿠야 감수, 나쓰메샤
- 『그리스사 신판 세계 각국사 17ギリシア史 新版 世界各国史17』, 사쿠라이 마리코 편저, 야마카와출판사
- 『헤시오도스 신통기ヘシオドス 神統記』, 히로카와 요이치 옮김, 이와나미분코
- 『헤시오도스 일과 날ヘーシオドス 仕事と日』, 마쓰다이라 지아키 옮김, 이와나미분코
- 『아폴로도로스 그리스 신화アポロドーロス ギリシア神話』, 고즈 하루시게 옮김, 이와나미분코
- 『오비디우스 변신 이야기オウィディウス 変身物語』(상·하), 나카무라 젠야 옮김, 이와나미분코
- 『그리스 신화ギリシア神話』(상·하), 구레 시게이치 지음, 신초분코

그리스 신화

1판 1쇄 인쇄 2025년 3월 12일
1판 1쇄 발행 2025년 4월 4일

지음 시마자키 스스무
옮긴이 정보현

발행인 양원석 **편집장** 권오준 **책임편집** 김희현
디자인 강소정, 김미선 **영업마케팅** 조아라, 박소정, 이서우, 김유진, 원하경
해외저작권 임이안, 안효주

펴낸 곳 ㈜알에이치코리아
주소 서울시 금천구 가산디지털2로 53, 20층(가산동, 한라시그마밸리)
편집문의 02-6443-8846 **도서문의** 02-6443-8800
홈페이지 http://rhk.co.kr
등록 2004년 1월 15일 제2-3726호

ISBN 978-89-255-7392-2 (03200)